Mbaga Kasereka

Pèlerinage Spirituel: Voyage au Cœur de la Vie Éternelle

Mbaga Kasereka

Pèlerinage Spirituel: Voyage au Cœur de la Vie Éternelle

Explorer la Foi, la Prière et l'Incorruptibilité de Nos Âmes

Éditions Croix du Salut

Imprint
Any brand names and product names mentioned in this book are subject to trademark, brand or patent protection and are trademarks or registered trademarks of their respective holders. The use of brand names, product names, common names, trade names, product descriptions etc. even without a particular marking in this work is in no way to be construed to mean that such names may be regarded as unrestricted in respect of trademark and brand protection legislation and could thus be used by anyone.

Cover image: www.ingimage.com

Publisher:
Éditions Croix du Salut
is a trademark of
Dodo Books Indian Ocean Ltd. and OmniScriptum S.R.L publishing group

120 High Road, East Finchley, London, N2 9ED, United Kingdom
Str. Armeneasca 28/1, office 1, Chisinau MD-2012, Republic of Moldova, Europe
Printed at: see last page
ISBN: 978-620-6-17081-5

"Pèlerinage Spirituel : Voyage au Coeur de la Vie Éternelle"

"Explorer la Foi, la Prière et l'Incorruptibilité de Nos Âmes"

Avant-Propos

Dans un monde où le tumulte de l'existence humaine semble souvent éclipsé par la souffrance, la foi et l'espérance sont des phares qui guident nos âmes. «Pèlerinage Spirituel : Voyage au Coeur de la Vie Éternelle» est une invitation à explorer la profondeur de la vie éternelle, une promesse qui, bien que spirituelle, trouve des racines solides dans notre quotidien. À travers les pages de ce livre, nous découvrons que la mort n'est pas un point final, mais un passage vers une existence glorieuse dans la présence divine. Le texte s'appuie sur des Écritures emblématiques et des témoignages de saints, éclairant notre chemin avec la lumière du Christ qui nous assure que nous ne marchons jamais seuls dans nos épreuves.

Les réflexions présentées ici s'inscrivent dans le tissu de notre humanité, à la croisée des souffrances et des joies. Chaque chapitre résonne d'une vérité profonde : l'existence terrestre est bien plus qu'une simple série d'événements; elle est une opportunité de construire notre connexion avec Dieu et les autres. Les Écritures résonnent comme un murmure d'espoir, nous rappelant que nos cœurs brisés peuvent être renouvelés par la grâce divine. Ce livre vise à offrir des promesses, des perspectives et des encouragements à ceux qui, face à la douleur de la perte ou à l'incertitude de la vie, recherchent un soutien spirituel.

Il est essentiel de réaliser que notre voyage personnel vers l'éternité est parsemé de moments de grâce, souvent au sein des communautés de foi que nous tissons. La prière se révèle être une pratique centrale, un moyen de cultiver notre foi tout en nous unissant à nos semblables. En prenant le temps de prier, nous développons une relation personnelle avec Dieu, qui nourrit notre esprit et fortifie notre cœur. Chaque prière devient une bouffée d'oxygène, un souffle de vie spirituelle qui nous rappelle notre identité d'enfants de Dieu, appelés à vivre selon Son amour.

Nous découvrirons, à travers les chapitres de ce livre, un réseau d'interconnexions qui relie chacun d'entre nous. La promesse de la vie éternelle est accessible à tous, nous rappelant que le royaume de Dieu ne s'adresse pas seulement aux saints, mais aussi à ceux qui, dans leur fragilité, cherchent avec sincérité. C'est une affirmation de notre dignité spirituelle, qui nous incite à vivre de manière authentique et généreuse, témoignant de l'amour de Dieu dans chaque détail de notre existence.

«Pèlerinage Spirituel : Voyage au Coeur de la Vie Éternelle» propose également de porter un regard sur le concept d'incorruptibilité, une réalité fascinante qui met en lumière la gloire divine. En contemplant les corps des saints, nous percevons la puissance de la grâce en action, et nous sommes encouragés à aspirer à cette sainteté à laquelle tous les croyants sont appelés. La promesse de la résurrection et la puissance de la prière deviennent des instruments de transformation, non seulement pour nous-mêmes, mais pour notre communauté et jusqu'au-delà de la mort.

À travers une synthèse enrichissante et des réflexions éclairantes, ce livre se veut un compagnon de route pour tous ceux qui cherchent à approfondir leur foi et à renforcer leurs liens avec le divin et les autres. Que chaque page soit un encouragement à vivre pleinement chaque moment, budgétant judicieusement notre temps pour la prière, l'amour et le service. Que ce voyage soit une source d'inspiration et d'espérance pour chaque lecteur, témoignant que la lumière de Dieu brille même dans les ténèbres.

Dédicaces

À tous ceux qui ont perdu un être cher, que cette œuvre soit une source de consolation et d'espérance, un rappel que la vie ne s'arrête jamais réellement, mais se transforme dans l'amour du Créateur.

À tous les croyants qui, marchant dans la foi, cherchent à approfondir leur relation avec Dieu et à témoigner de Son amour, que vous trouviez dans ces pages des encouragements pour éclairer votre chemin.

Enfin, à ceux qui explorent la foi chrétienne et s'interrogent sur la promesse de la vie éternelle, que ce livre réponde à vos questions et nourrisse votre quête de vérité et de sens.

Mots attrayants

- Esprit Éternel
- Promesse de Vie
- Rayon de Lumière
- Amour Inconditionnel
- Renaissance Spirituelle
- Espérance Vivante
- Consolation Divine
- Chemin de Sainteté

Introduction générale

Dans un monde où la foi est souvent mise à l'épreuve et où la mortalité est perçue comme une fin inéluctable, il devient primordial de se souvenir de la promesse éclatante de la vie éternelle, offerte à tous ceux qui croient. À travers ce livre, «Pèlerinage Spirituel : Voyage au Coeur de la Vie Éternelle» , nous souhaitons envelopper nos chers disparus d'amour et d'espérance. Leur transition par la mort n'est pas un point final mais une entrée triomphante dans le royaume de Dieu, à l'instar du Christ sur la croix.

Les Écritures nous résonnent comme une douce mélodie de consolation : « Aujourd'hui même, tu seras avec moi dans le paradis » (Luc 23:43, Bible Segond 21). Cette affirmation rassurante rappelle aux croyants que la vie des justes est entre les mains de Dieu. En ce sens, ce livre vise à évoquer l'espoir et la consolation pour ceux qui ont perdu des êtres chers, une réalité où le chagrin et la sérénité coexistent. La perte d'un être cher est l'une des épreuves les plus éprouvantes de l'existence humaine. Les cœurs meurtris, les âmes en peine, et le vide laissé par ceux que nous avons aimés peuvent sembler insupportables. À travers les enseignements bibliques sur la vie éternelle et la foi, nous aspirons à offrir réconfort et espoir, en partageant des promesses divines et des témoignages d'expériences spirituelles enrichissantes.

La Bible regorge d'assurances sur la vie après la mort, constituant une promesse fondamentale de la foi chrétienne. Jésus lui-même offre la clé de cette vie éternelle à tous ceux qui croient en lui, redéfinissant ainsi notre perspective sur la mort. En s'appuyant sur ces promesses, ce livre se veut un phare de lumière, renforçant notre foi et notre espérance. Le premier chapitre s'attachera à explorer la promesse de la vie éternelle, en analysant des versets bibliques révélateurs tels que Luc 23:43 et Jean 11:25-26. Chaque passage illustre que la promesse divine s'adresse non seulement aux justes, mais aussi à ceux qui se tournent vers Dieu avec sincérité dans leurs derniers instants. La résurrection, pilier fondamental de la foi chrétienne, nous assure que la mort n'est pas une fin mais le commencement d'une nouvelle vie avec Dieu.

Ce livre se veut bien plus qu'un simple recueil de mots réconfortants ; c'est une invitation à plonger dans les profondeurs de notre foi et à apprécier la signification de la vie éternelle et de l'amour divin. En cheminant ensemble à travers les Écritures et les expériences humaines, nous espérons que chaque lecteur retrouvera, au-delà de la souffrance, une source durable d'espérance qui illuminera leur parcours, même en période d'obscurité. Au-delà de la perte se dessine la promesse d'une vie renouvelée, et ensemble, nous apprendrons à vivre avec cette vérité au fond de nous.

Chapitre 1 : La Promesse de la Vie Éternelle

1.1 Introduction à la Vie Éternelle

La notion de vie éternelle est l'un des fondements les plus sacrés de la foi chrétienne, intégrée au cœur même de l'espérance des croyants. Elle représente non seulement une promesse divine, mais aussi une incitation à la responsabilité morale et spirituelle. En effet, cette vue peut encourager les fidèles à naviguer à travers les tribulations de la vie avec un sens renouvelé de but et de dignité. Cette promesse éclaire de manière profonde les esprits des chrétiens, les rassurant que leur existence ne s'arrête pas aux frontières de la mort. Comme exposé par le Concile Vatican II dans Lumen Gentium , l'idée que « la destinée ultime de la personne humaine est de vivre en communion avec Dieu » (Conseil œcuménique, 1964) souligne la grandeur de ce projet divin. En outre, cette déclaration va au-delà de la simple continuité de l'existence ; elle évoque une union parfaite et aimante avec le Créateur.

Les Écritures apportent des récits de rédemption, offrant un soutien inébranlable devant la souffrance et la perte. La souffrance humaine, par conséquent, est redéfinie comme une réalité pouvant mener à l'espérance, transformée par la certitude de la vie éternelle. Ainsi, cette promesse ouvre la voie à une vision d'un monde où le deuil et la séparation peuvent finalement être consolés par la certitude de retrouvailles. De cette manière, les croyants sont appelés à envisager une existence où l'amour, en dépit des épreuves, demeure éternel. Prenons, par exemple, le cas d'une mère en deuil. Dans sa profonde douleur suite à la perte de son enfant, elle s'accroche avec ferveur aux paroles réconfortantes de Jean 14:2-3, où Jésus déclare : « Dans la maison de mon Père, il y a plusieurs demeures… Je m'en vais vous préparer une place » (Jean 14:2, Bible Segond 21). Grâce à cette promesse, le souvenir de son enfant évolue au-delà de la tristesse, nourrissant en elle l'attente d'une réunion future dans la vie éternelle. Au fil du temps, sa souffrance se métamorphose en une précieuse lueur d'espoir, alimentée par la conviction profonde que l'amour a un pouvoir qui transcende la mort.

Des penseurs chrétiens tels que Saint Paul évoquent la mort comme un gain dans Philippiens 1:21, où il déclare : « Car pour moi, vivre c'est Christ, et mourir est un gain » (Philippiens 1:21, Bible Segond 21). Il est dit que « la mort n'est pas un terme, mais un passage » ; une pensée que l'on retrouve également chez des théologiens comme John Henry Newman, qui affirme que « la mort n'est qu'un pont vers une existence supérieure » (Newman, 1968). En fin de compte, l'idée de la vie éternelle agit non seulement comme une promesse mais aussi comme un véritable appel à l'espoir. C'est dans cette lumière que se déploie le chemin d'une vie baignée d'amour et de foi, surmontant le poids de la douleur humaine.

1.2 Vers le paradis : L'espoir du croyant

Au cœur de la foi chrétienne réside l'espérance du paradis, qui s'impose comme une vérité fondamentale lorsque l'on envisage la vie éternelle. Dans ce contexte, les paroles de Jésus dans Luc 23:43 résonnent puissamment : « En vérité, je te le dis, aujourd'hui, tu seras avec moi dans le paradis » (Luc 23:43, Bible Segond 21). Cette déclaration emblématique ne se limite pas à un contexte de crucifixion, elle proclame la portée universelle du salut, accessible à tous, y compris aux pécheurs repentants. La promesse d'égalité et de grâce constitue le noyau du message chrétien, invitant chacun à reconnaître que l'amour et la miséricorde de Dieu ne connaissent ni frontières ni limites. Paul, dans Éphésiens 2:8-9, nous rappelle que « c'est par la grâce que vous êtes sauvés, par le moyen de la foi, et cela ne vient pas de vous, c'est le don de Dieu » (Éphésiens 2:8-9, Bible Segond 21). Par conséquent, les églises, à travers des cultes et divers rassemblements communautaires, deviennent des espaces de célébration de cette espérance infinie, où les croyants se rassemblent pour partager et nourrir leur foi commune.

1.3 L'Inclusivité de la Promesse

Le royaume de Dieu est dépeint non seulement comme un espace spirituel, mais aussi comme un lieu de paix, de réconciliation et d'amour inconditionnel. Dans Jean 14:2-3, lorsque Jésus dit : « Dans la maison de mon Père, il y a plusieurs demeures… Je m’en vais vous préparer une place », ces mots illustrent la promesse d’une vie éternelle ouverte à tous, indépendamment de leur passé ou de leurs luttes. Charles Spurgeon a ainsi déclaré : « Le ciel est un havre de paix pour tous, quels que soient leurs luttes sur cette terre » (Spurgeon, 1875). Cette vision d’inclusivité montre que chacun, peu importe ses erreurs, peut aspirer à une place dans l'amour éternel de Dieu. À travers des témoignages authentiques et des échanges au sein des communautés de foi, les croyants partagent des récits personnalisés de rédemption, célébrant l’espérance d’un paradis qui enrichit leur existence sur terre. Chaque chant, chaque prière, devient alors une proclamation vibrante de cette vie après la mort, symbolisant l’unité spirituelle où vivants et défunts se retrouvent, connectés par l'amour et la miséricorde de leur Créateur.

Il est motivant de constater que cette promesse d’inclusivité résonne à travers les âges, comme le rappelle Paul dans Galates 3:28 : « Il n'y a ni Juif ni Grec, ni esclave ni libre, ni homme ni femme ; car vous êtes tous un en Jésus-Christ » (Galates 3:28, Bible Segond 21). Cette affirmation réaffirme que la grâce de Dieu s'étend à tous, révélant ainsi la dimension universelle du message chrétien. Paul invite chacun à comprendre que leur identité en Christ transcende les divisions mondaines. Ainsi, cette promesse devient la clé qui ouvre les cœurs et les esprits, permettant à chacun de se rapprocher de Dieu dans une communion joyeuse et égale. La force de cette promesse réside également dans la puissance de la communauté chrétienne, qui reflète l'amour inclusif de Christ à travers ses actions et sa présence chaleureuse. Jésus nous appelle à nous montrer attentifs les uns aux autres, à tendre la main et à encourager ceux qui peuvent se sentir exclus ou accablés par leurs luttes, car nous sommes tous appelés à partager cette promesse éternelle.

1.4 Témoignages bibliques sur la promesse de la vie après la mort

Les Écritures dans leur ensemble, qu'elles soient de l'Ancien ou du Nouveau Testament, sont riches en récits et en promesses qui soulignent l'assurance de la vie après la mort. Job, au milieu de sa souffrance et de ses épreuves, annonce avec ferveur dans Job 19:25 : « Je sais que mon rédempteur est vivant, et qu'il se lèvera le dernier sur la terre » (Job 19:25, Bible Segond 21). Ce moment incroyable exprime une espérance inébranlable, une lumière au milieu des ténèbres, témoignant de la possibilité de rédemption même aux moments les plus sombres. Comme il est consigné dans Ésaïe 26:19 : « Tes morts revivront ; leurs cadavres se relèveront… Réveillez-vous et criez, habitants de la poussière ! » (Ésaïe 26:19, Bible Segond 21). Il est intéressant de noter qu'un ami chrétien, lors d'un moment difficile, a partagé ce verset, donnant à la personne en détresse un ancrage d'espoir et de réconfort. À travers le parcours de Job, nous voyons l'importance de l'endurance et de la foi en l'avenir, même face à des circonstances accablantes. John Milton a également proposé une réflexion profonde lorsqu'il suggère que « la souffrance est le préambule à l'imminente rédemption » (Milton, 1667). Ce parcours de souffrance à la rédemption est ainsi transcendé par la promesse divine d'un avenir radieux.

1.5 Le Rôle des Psaumes et des Prophètes

Les Psaumes, en particulier, offrent une source inestimable de réconfort, comme en témoigne le célèbre Psaume 23 qui affirme : « L'Éternel est mon berger ; je ne manquerai de rien... Même si je marche dans la vallée de l'ombre de la mort, je ne craindrai aucun mal, car tu es avec moi » (Psaume 23:1, 4, Bible Segond 21). De nombreux fidèles, en période de crise ou d'incertitude, trouvent du réconfort dans ces versets, connaissant la constance de la présence divine même dans les moments de vulnérabilité. Henry Wadsworth Longfellow capture le sens de cette lumière divine en déclarant : « Au cœur de la nuit, la lumière de Dieu éclaire notre chemin » (Longfellow, 1838). Ainsi, ces passages bibliques se présentent comme des sources d'apaisement, illustrant la fidélité éternelle de Dieu, offrant des promesses de paix dans les tempêtes de la vie. Les prophètes apportent également cette espérance, comme en témoigne Apocalypse 21:4 : « Il essuiera toute larme de leurs yeux, et la mort ne sera plus ; il n'y aura plus ni deuil, ni cri, ni peine » (Apocalypse 21:4, Bible Segond 21). Lors de conversations communautaires de prières, ce verset résonne puissamment, apportant la paix à ceux qui aiment et perdent. F.W. Faber renforce ce message réconfortant : « Le ciel est l'endroit où les promesses de Dieu se réalisent, où la douleur n'existe plus » (Faber, 1854). Il devient alors essentiel de se rappeler que chaque mot du texte sacré a le potentiel d'apporter consolation et espoir face aux défis de cette vie.

Les Écritures, en unissant leurs voix à celles des Psaumes, nous invitent à peindre une image vibrante de l'espoir éternel, comme le suggère le prophète Ésaïe en 25:8 : « Il a ôté la mort pour toujours, et le Seigneur Éternel essuiera les larmes sur tous les visages » (Ésaïe 25:8, Bible Segond 21). Cette promesse résonne comme un écho d'espérance, non seulement pour une vie après la mort, mais également comme une source de force dans les luttes actuelles. Les mots sont porteurs d'une réalité touchante : une promesse palpable de confort dans les souffrances, révélant un Dieu fidèle qui veille sur son peuple de manière intimement personnelle. Ainsi, la compréhension chrétienne de la souffrance et de la durée de la vie prend une dimension qui transcende le temps, redéfinissant notre regard sur les épreuves comme des opportunités de croissance spirituelle et d'élévation vers notre destinée éternelle. Cela nous amène à voir au-delà de nos circonstances, nous encourageant à nous ancrer dans les promesses de l'Éternel, assurés qu'il veille sur nous jusqu'à ce que nous soyons réunis avec lui dans l'éternité.

1.6 Les Écrits de Paul

L'apôtre Paul, quant à lui, nous fait découvrir la profondeur de cette promesse, notamment dans 1 Corinthiens 15:51-52 où il déclare : « Voici, je vous dis un mystère : Nous ne mourrons pas tous, mais nous serons tous changés… Car la trompette sonnera, et les morts ressusciteront incorruptibles » (1 Corinthiens 15:51-52, Bible Segond 21). Cette affirmation souligne la transformation promise qui attend les croyants, renforçant ainsi notre compréhension de l'au-delà et nous incitant à vivre avec un courage renouvelé. Paul présente une réalité spirituelle qui dépasse les luttes physiques et les épreuves de la vie, offrant ainsi une lumière d'espoir à chaque cœur éprouvé. Dans Romains 8:18, Paul exprime également cette certitude : « J'estime que les souffrances du temps présent ne sont rien en comparaison de la gloire à venir qui sera révélée en nous » (Romains 8:18, Bible Segond 21). Saint Thomas d'Aquin, dans sa Somme théologique , nous pousse également à réfléchir à cette notion de vie éternelle, déclarant que « la fin dernière de l'homme est la vision de Dieu, qui est la cause de toute bonté » (Aquin, 1265-1274). Ce point de vue éveille une prise de conscience sur l'importance de vivre la vie présente en fonction des valeurs éternelles qui nous attestent que la coexistence avec Dieu est le véritable but de notre existence. Paul, à travers ses écrits, nous invite à avoir une vision claire de notre destin éternel qui inévitablement se connecte à notre engagement présent, consolidant ainsi nos fondements spirituels.

Au-delà de la promesse de transformation, Paul nous engage à anticiper avec joie notre réunion avec Christ, comme le mentionne 1 Thessaloniciens 4:16-17 : « Car le Seigneur lui-même descendra du ciel avec un cri de commandement, avec la voix d'un archange et avec la trompette de Dieu, et les morts en Christ ressusciteront premièrement. Puis nous, les vivants qui restons, nous serons enlevés ensemble avec eux dans les nuées, à la rencontre du Seigneur dans les airs » (1 Thessaloniciens 4:16-17, Bible Segond 21). Cette image merveilleuse de la résurrection et de l'enlèvement souligne une dynamique de joie et d'attente, transformant le chagrin de la perte en une espérance vibrante. Chaque croyant est encouragé à se préparer pour cette rencontre glorieuse, se prévalant des promesses divines comme un ancrage de leur foi et une source de créativité spirituelle. En effet, à travers la perspective de Paul, la mort devient non pas une fin, mais une nouvelle étape, un passage vers la plénitude de la vie divine que nous serons appelés à vivre aux côtés du Sauveur.

1.7 Les réflexions de Saint Augustin

Saint Augustin, dans son œuvre magistrale La Cité de Dieu , aborde le concept de l'éternité et du salut d'une manière révélatrice. Il avance que « quant à ceux qui croient en Dieu et vivent selon sa volonté, une vie éternelle leur est promise ; ils sont reçus dans la joie du Paradis » (Augustin, 426). Cette affirmation n'est pas simplement une déclaration, mais un véritable appel à une vie conforme à la volonté divine, renforçant une image vivante de notre relation avec Dieu. Augustin nous exhorte à ne pas laisser nos luttes sur terre nous éloigner de l'espérance d'une réalité éternelle remplie de paix et de joie. Il perçoit notre existence comme un pèlerinage, où la vie sur terre constitue un chemin vers une cité céleste. « La cité terrestre est un pèlerinage vers la cité céleste ; ici, nous sommes des voyageurs, là, nous serons chez nous, » dit-il, offrant une perspective édifiante sur nos combats quotidiens en relation avec une réalité divine infinie. Cette vision d'un voyage nous incite à maintenir nos cœurs et nos esprits tournés vers les promesses d'un avenir avec God, une réalité où nos souffrances actuelles trouveront sens et rédemption.

Augustin ajoute que la vie terrestre est éphémère, tandis que la vie éternelle en Dieu est stable et immuable. Il déclare que « cette vie est un exil ; le ciel est notre patrie » (Augustin, 426). Cette proclamation nous pousse à recalibrer nos attentes, à chercher des trésors dans le ciel plutôt que sur terre. Cette perspective illumine nos luttes quotidiennes, nous permettant de les voir comme des étapes nécessaires pour nous préparer à l'héritage éternel. En acceptant cette réalité, les chrétiens peuvent se détacher des fardeaux temporaires, renforçant leur engagement dans des actes d'amour et de charité qui reflètent la nature éternelle de leur espérance. Comme le souligne Augustin, chaque pas dans ce monde doit être empreint d'une intention qui se connecte à ce que Dieu a en réserve pour chaque âme, un état de bonheur éternel, où ni la douleur ni la souffrance ne règnent.

1.8 Résonances dans les Livres de la Sagesse et des Maccabées

Dans les livres de la sagesse, une réflexion précieuse sur la vie éternelle est apportée, comme dans Sagesse 3:1-3, qui dit : « Mais les âmes des justes sont dans la main de Dieu, et nul tourment ne les touchera » (Sagesse 3:1, Bible Segond 21). Cette promesse de protection et de réconfort affirme que la mort est transformée en une porte vers une vie éternelle où les âmes pieuses reposent en paix, loin de la souffrance. Ces écrits soulignent la valeur des souffrances que l'on endure sur terre et l'espoir d'une récompense attendue. En outre, ce passage renforce l'idée selon laquelle la justice divine assure le salut éternel à ceux qui ont vécu selon la volonté de Dieu.

Dans 2 Maccabées 7:14, l'espoir d'une résurrection est clairement exposé : « C'est pour la résurrection que nous subissons les souffrances... Alors le Roi du monde nous ressuscitera à la vie éternelle, car nous avons souffert pour ses lois » (2 Maccabées 7:14, Bible Segond 21). Cette déclaration résonne comme un cri d'espoir pour ceux qui souffrent pour leur foi, affirmant que leur douleur n'est pas vaine mais conduit à une vie nouvelle dans la présence divine. Ces témoignages des Maccabées et de la sagesse dévoilent l'intime lien entre la souffrance ici-bas et la promesse de résurrection et de vie éternelle, consolidant ainsi la foi des chrétiens à travers les âges.

Les Écritures sapientiales dépeignent également une perspective vivante sur la fidélité de Dieu envers ses fidèles. La confiance en la résurrection, que l'on retrouve dans le livre des Maccabées, témoigne non seulement de l'espoir d'une vie après la mort, mais aussi de l'assurance que la souffrance pour la vérité n'est jamais vaine. Comme l'indique le verset précité, il est dans la foi et l'obéissance à Dieu que les croyants découvrent non seulement une source de force dans leurs luttes, mais également une promesse de rédemption et d'espoir. Chaque récit de souffrance et de martyr montre que les difficultés rencontrées sur terre ne sont que le prélude au triomphe éternel que Dieu a promis. Dans cette lutte constante entre l'éphémère et l'éternel, le message chrétien nous rappelle que notre regard doit se porter vers ce qui est à venir : une vie remplie de la présence magique d'un Dieu souverain et aimant.

Conclusion du Chapitre 1

En conclusion, la promesse de la vie éternelle est une réalité centrale qui traverse les Écritures et l'enseignement chrétien, profondément tissée dans le message de la foi. Elle ne se contente pas d'apporter du réconfort face à nos luttes, mais nous encourage à vivre notre foi avec la ferme assurance d'une espérance nourrie par l'amour divin. La vision d'une vie éternelle, où la douleur et la souffrance n'ont plus leur place, enrichit notre existence présente et nous pousse à avancer avec courage. Ce chapitre se veut servir de base solide à notre cheminement spirituel, renforçant l'idée que nos attentes concernant l’au-delà transforment notre façon de vivre ici et maintenant. L'espoir de retrouver nos proches disparus dans la splendeur divine de l'amour du Créateur engendre un amour tangible ici-bas, un élan vital qui enrichit notre quotidien. Chaque citation et chaque verset philosophique, devenant un ciment de notre conviction, révèlent que la vie terrestre est un don, en attendant l'épanouissement de l'éternité dans la présence divine. Comme le disait Augustin, « La véritable vie se trouve dans la communion avec Dieu, où le temps et la mort ne peuvent prendre leur place » (Augustin, 426). Ainsi, nous avançons, animés par l'espérance d'une existence infinie et admirable dans l'amour souverain de Dieu.

Chapitre 2 : La Vie des Justes dans la Main de Dieu

2.1 Introduction à la Vie des Justes

Dans le cadre de notre exploration de la vie éternelle, il est crucial de se pencher sur la vie de ceux qui, par leur foi et leur intégrité, sont considérés comme des justes. Le terme "juste" renvoie à des individus qui, par leurs actions et leur comportement, s'efforcent de vivre selon des normes morales élevées, souvent en accord avec des préceptes religieux. Ces individus, en quête d'un idéal moral, agissent comme des exemples concrets de vertu dans une société marquée par des valeurs changeantes et conflictuelles. La notion de justice divine, qui fait référence à l'équité de Dieu dans ses jugements, ne se limite pas seulement à une évaluation des actions humaines, mais enveloppe une réalité plus vaste : l'amour et la protection de Dieu envers ceux qui s'efforcent de vivre selon ses commandements. En effet, comme le rappelle le théologien français Henri de Lubac, "Il ne suffit pas d'être juste intérieurement; le juste doit faire savoir qu'il est juste par ses actes" (De Lubac, 1985, p. 93). Cela montre que le véritable juste ne se contente pas d'une vie spirituelle ; il en fait une manifestation dans le monde, influençant ainsi ceux qui l'entourent.

Compréhension de l'Église (Vatican II)

L'Église, à travers les documents du Concile Vatican II, met en avant la vocation universelle à la sainteté, affirmant que tous les fidèles sont appelés à vivre la justice de manière active et consciente dans leur quotidien. La constitution Lumen Gentium souligne l'importance de témoigner de la lumière du Christ dans le monde, en promouvant des valeurs de justice, qui ne doivent pas seulement être des concepts abstraits, mais se concrétiser dans des actions quotidiennes. Elle déclare que "le Christ est le modèle de toute vocation humaine" et que "tous doivent poursuivre avec persévérance le bien et construire, en eux et autour d'eux, la communauté du Royaume de Dieu" (Lumen Gentium, 1964, § 31). Cette invitation à la sainteté s'étend à chaque communauté chrétienne, nous appelant à vivre selon les préceptes moraux de l'Évangile, devenant des agents de changement positif dans notre société.

Les Écritures témoignent de la fidélité de Dieu , garantissant que les âmes des justes sont entre ses mains. Dans Psaume 11:7, on lit que : « L'Éternel est juste, il aime la justice ; les hommes droits contemplent sa face » (Psaume 11:7, Bible Segond 21). Ce passage résonne profondément dans les cœurs de ceux qui pleurent leurs proches disparus, illustrant le thème du réconfort spirituel que la foi peut offrir dans les moments de perte. Ce réconfort fleurit dans les moments de tristesse, où la promesse de la vie éternelle devient une lueur d'inspiration, comme l'affirme Jean 11:25 : « Je suis la résurrection et la vie ; celui qui croit en moi ne mourra jamais » (Jean 11:25, Bible Segond 21). Dans cette ligne, nous voyons que la promesse de la vie éternelle est intimement liée à notre relation avec Dieu, reflétant ainsi l'importance de la foi dans notre compréhension des épreuves de cette vie. En effet, comme l'affirme l'apôtre Paul, "Nous savons que si notre demeure terrestre, ce tabernacle, est détruit, nous avons dans les cieux un édifice, une maison non faite de mains, éternelle" (2 Corinthiens 5:1, Bible Segond 21), soulignant que notre existence dépasse ce que nous percevons.

2.2 Définitions et Principes de la Justice Divine

La justice de Dieu, dans son essence, est un concept riche qui englobe amour, miséricorde et rédemption. La "justice" fait référence à l'état d'équilibre et d'équité, un idéal qui transcende les simples notions humaines. Tandis que "miséricorde" implique un amour incarnant le pardon et la compassion, il est crucial de noter que la justice divine n'est pas punitive, mais libératrice. "Dieu n'ignore rien de nos luttes et de nos faiblesses ; au contraire, il les connaît et les comprend", écrit le Pape François dans sa lettre Misericordiae Vultus (Pape François, 2015, §

20), illustrant la nature compatissante de la justice divine et son désir de réconciliation. Contrairement aux notions humaines de justice, souvent fondées sur des critères restrictifs, la justice divine est éternelle et incorruptible, embrassant chaque âme avec une dignité infinie.

Compréhension de l'Église (Vatican II)

Le Concile Vatican II insiste sur la bienveillance de Dieu et son désir de réconciliation pour tous ses enfants, affirmant que la justice est un pilier fondamental de notre existence chrétienne. La constitution Gaudium et Spes rappelle que Dieu est présent dans l'histoire humaine, appelant les hommes à une vie de justice et d'amour à travers des initiatives qui s'opposent aux injustices et promeuvent le bien commun. Elle souligne que "la promotion du bien commun doit être la préoccupation de tous et de chacun" (Gaudium et Spes, 1965, § 26), renforçant notre devoir envers les autres tout en vivant notre foi d'une manière qui transforme notre environnement.

Sa présence constante apporte réconfort et soutien, même dans les moments les plus sombres de notre vie. Dans le livre des Psaumes, nous découvrons dans Psaume 37:28 que : « L'Éternel aime la justice et n'abandonne pas ses saints » (Psaume 37:28, Bible Segond 21). Cette déclaration ouvre la voie à une compréhension plus profonde de comment Dieu surveille les vies de ses fidèles, inscrivant chaque action remplie de justice dans le livre de la vie divine. Chaque affrontement, chaque épreuve que les justes traversent devient ainsi une opportunité pour Dieu de manifester sa puissance et sa protection, renforçant les liens entre les croyants et leur Créateur. La "sagesse", qui représente une capacité à comprendre et à appliquer des vérités profondes, est un élément fondamental de cette dynamique. À ce sujet, l'exégète Paul Tillich souligne que "la sagesse ne consiste pas seulement dans l'accumulation de connaissances, mais dans l'application judicieuse de cette connaissance pour vivre pleinement" (Tillich, 1959, p. 68). Ces paroles nous rappellent que vivre la justice nécessite aussi une connaissance approfondie des voies de Dieu, comme l'indique Proverbes 2:6 : « Car c'est l'Éternel qui donne la sagesse ; de sa bouche viennent la connaissance et l'intelligence » (Proverbes 2:6, Bible Segond 21).

Ainsi, notre engagement à vivre selon cette sagesse nous rend ouverts aux bénédictions divines, permettant à notre vie d'être un reflet de Sa lumière. Comme le dit Matthieu 5:16 : « Que votre lumière brille devant les hommes, afin qu'ils voient vos œuvres et glorifient votre Père qui est dans les cieux » (Matthieu 5:16, Bible Segond 21). Cela rappelle que nos actions influencent non seulement notre vie personnelle, mais aussi celle des autres, créant un cercle vertueux de bonté, de foi et de justice.

2. 3 Récits Inspirants de la Vie des Justes et Leur Héritage

À travers l'histoire biblique, nous rencontrons des figures emblématiques qui incarnent cette justice divine. Prenons par exemple Samuel, dont la vie est un parfait reflet de dévotion à Dieu et de fidélité à sa vocation. En tant que prophète, Samuel n'a pas seulement guidé le peuple d'Israël dans des moments de crise ; il a également été un exemple d'équité dans ses interactions, témoignant de l'éthique dans des jugements impartiaux. Son engagement à écouter Dieu et à appliquer ses paroles l'a fait devenir un modèle pour les générations futures, illustrant ce que signifie véritablement être un serviteur fidèle. Comme le déclare Léon XIII dans Aeterni Patris , « Une vie d'intégrité et de vertu est le phare qui guide non seulement celui qui la porte, mais aussi tous ceux qui se trouvent dans son orbite » (Léon XIII, 1879, § 28). Cela rappelle que les vies des justes sont puissamment interconnectées, chaque action résonnant à travers le tissu de l'humanité.

Le Concile souligne la nécessité de témoigner de la foi, à l'exemple de figures bibliques comme Samuel, en mettant en avant leur rôle dans l'expression de la justice et de la vérité. L'Église encourage tous les membres de la communauté à être des modèles de foi, en cultivant des valeurs de solidarité et d'engagement envers le bien commun, afin d'accomplir sa mission de manière concrète et engageante. Comme le dit le document Christus Dominus , « La mission essentielle de l'Église réside dans son appel à vivre la vérité et la justice à travers les actes quotidiens » (Christus Dominus, 1965, § 7), renforçant ainsi que chacun a un rôle à jouer dans le plan divin.

Il représente cette idée que la justice divine s'accompagne toujours d'un appel à agir avec courage, surtout lorsque les pressions du monde nous incitent à capituler. Un autre exemple puissant est celui de Ruth, dont l'histoire de dévouement envers sa belle-mère Naomi est racontée dans le livre de Ruth, exemplifiant l'amour désintéressé. Sa fidélité et son amour inconditionnel lui ont valu de devenir l'ancêtre du roi David, illustrant comment les choix personnels peuvent créer un héritage éternel. Cette réalité est magnifiquement résumée dans Hébreux 11:1, qui enseigne que « La foi est une ferme assurance des choses qu'on espère, une démonstration de celles qu'on ne voit pas » (Hébreux 11:1, Bible Segond 21). Ce parcours de Ruth souligne comment les actions de personnes considérées comme « ordinaires » s'inscrivent dans le plan divin, prouvant que notre engagement dans la foi peut avoir des répercussions extraordinaires.

Compréhension de l'Église (Vatican II)

Les exemples de Ruth et d'autres figures bibliques sont utilisés pour illustrer l'importance de la famille et de la communauté dans la transmission des valeurs chrétiennes. Le Concile invite les familles à être des lieux d'amour, de justice et de solidarité, propageant ainsi un héritage de foi parmi les générations, en montrant que la force de l'Église repose sur la vie quotidienne des communautés. Comme le souligne Laudato Si' du Pape François, « La famille est le premier organisme de l'évangélisation. Il est également le lieu où la culture de la solidarité et du partage est normalement transmise » (Pape François, 2015, § 114).

Les Écritures nous rappellent que « les œuvres des justes sont des lumières qui brillent dans l'obscurité » (Proverbes 4:18, Bible Segond 21), et ces histoires résonnent avec un écho d'espoir et de promesse. Les récits des vies justes sont des témoignages puissants de ce que signifie véritablement vivre en accord avec la volonté divine. Comme le fait remarquer Saint Jean dans son épître : « Et voici le témoin : Dieu a donné la vie éternelle, et cette vie est dans son Fils » (1 Jean 5:11, Bible Segond 21). Les vies des justes sont marquées par des épreuves, mais elles ne sont jamais vaines. Chaque acte de foi est le début d'un héritage qui se transmet de génération en génération. « Les justes porteront du fruit dans leur vieillesse, ils seront pleins de sève et de verdeur » (Psaumes 92:14, Bible Segond 21), un message doux pour nous rappeler que même dans les temps difficiles, Dieu utilise nos vies pour semer des graines d'espoir et de rédemption. Ces récits nous encouragent à rechercher cette même fidélité dans nos propres vies, avec l'assurance que notre engagement sera honoré par le Seigneur dans l'éternité.

Conclusion du Chapitre 2

La vie des justes dans la main de Dieu transcende les épreuves et les souffrances de ce monde, témoignant de la promesse d'une existence renouvelée et d'un héritage éternel qui perdure. Ce chapitre nous invite à réfléchir sur la nature précieuse de cette promesse, profondément enracinée dans la fidélité de Dieu envers ceux qui choisissent de marcher dans Sa lumière. En découvrant les principes de la justice divine et en écoutant les récits inspirants des justes, nous sommes encouragés à vivre notre foi avec un nouvel engagement et à embrasser la mission à laquelle nous sommes appelés.

Compréhension de l'Église (Vatican II)

L'Église, par l'enseignement du Concile, nous appelle à considérer nos vies comme un témoignage de l'amour de Dieu et de la justice. Son document Lumen Gentium proclame que « chacun, en vertu de son mystère, doit se conformer aux exigences de la charité, se tenant en communion avec l'Église pour la mission de salut de l'humanité » (Lumen Gentium, 1964, § 31). Elle nous exhorte à nourrir notre foi pour encourager les autres à se rapprocher du Christ et de Sa promesse de rédemption, soulignant ainsi l'importance d'une vie proactive dans l'amour et la charité.

L'exemple de ces vies justes nous aide à voir la beauté et la complexité de la relation humaine avec le divin, offrant un éclairage précieux sur nos propres luttes et aspirations. La sécurité de savoir que nos vies sont entre les mains bienveillantes de Dieu fortifie notre espoir et nous pousse à avancer au sein de nos défis. C'est une assurance qui nous donne la force de continuer, même lorsque nous sommes confrontés à des incertitudes. La lumière de la promesse qui nous attend illumine notre quotidien, nous engageant à mener des vies qui rendent honneur à l’amour de notre Créateur. Chaque acte quotidien devient une opportunité de glorifier Dieu.

Dans ce chapitre, nous avons exploré le soutien offert par la foi et l'estime de Dieu pour ceux qui sont justes. Nous continuerons cette exploration à travers les thèmes de la résurrection et de l'immortalité de l'âme dans notre prochain chapitre, une étape essentielle pour comprendre pleinement notre condition humaine et notre relation avec l’éternité. Que chacun de nous puisse trouver du réconfort et de la force dans l'idée que, dans toutes nos luttes, la main de Dieu veille toujours sur ses enfants. Cette promesse nous encourage à persévérer, en sachant que nous faisons partie d’un plan divin, conçu pour apporter un sens profond à nos vies.

Chapitre 3 : Résurrection et Immortalité de l'Âme

I. Enseignement sur la résurrection

Introduction

La résurrection et l'immortalité de l'âme ne doivent pas être perçues comme des concepts religieux isolés, mais plutôt comme les fondements appuyés par l'expérience des croyants qui donnent un sens profond à leur existence humaine. Ces notions servent de piliers essentiels pour structurer la foi chrétienne et nous inspirent à vivre en harmonie avec les enseignements de Dieu. En abordant ce chapitre, nous nous penchons sur les implications causées par la résurrection et comment elle affecte nos comportements éthiques et moraux. En outre, nous nous engageons à réfléchir sur la manière dont ces enseignements aident à surmonter la souffrance à travers l'espoir d'une existence éternelle. Loin d'être un simple objet d'étude, la résurrection se présente comme une promesse d'amour divin, une lumière guidant notre vie quotidienne et notre vision du monde. À travers l'analyse des textes sacrés et des réflexions théologiques, nous découvrons que la résurrection transforme notre compréhension du temps et des relations humaines. C'est un appel à vivre dans l'attente joyeuse de la plénitude de la vie. Nous envisagerons également les nombreux défis qui se posent dans ce parcours de foi, notamment la souffrance et le doute, tout en cherchant à éclairer notre voyage spirituel. En analysant l'importance de la résurrection, nous visons à montrer combien ce concept est essentiel pour établir une relation authentique avec Dieu. Ce chapitre aspire à enrichir la compréhension de la résurrection et à favoriser un engagement actif dans notre foi, énonçant ainsi un message d'espoir inébranlable.

3. 1.1. Importance de la résurrection dans la foi chrétienne

La résurrection se manifeste comme l'un des fondements les plus essentiels de la foi chrétienne, vitale pour la compréhension de la promesse d'éternité. Dans ce sens, la constitution conciliaire Lumen Gentium affirme que "la résurrection du Christ est le fondement de notre foi", ce qui souligne son rôle axial dans notre relation avec Dieu (Lumen Gentium, 1964, § 5). Elle dépasse le cadre d'un événement historique et devient une expérience spirituelle qui résonne dans notre vie quotidienne. Au cœur de cette compréhension se trouve la possibilité de communion, et la promesse que le Christ ressuscité transforme notre existence mortelle en une vie de plénitude éternelle. Saint Irénée de Lyon rappelle que la résurrection est la clé d'une relation éternelle avec Dieu, en invoquant 1 Corinthiens 15:14 pour insister sur l'importance de cet événement pour la foi chrétienne (Irénée de Lyon, 180). En ce sens, une vraie compréhension de la résurrection fait émerger une intense réflexion personnelle sur le sens et l'impact de notre existence.

Dans Gaudium et Spes , le lien entre dignité humaine et foi face à la mort est également souligné, affirmant que notre existence terrestre est à la fois sacrée et éternelle à travers Jésus (Gaudium et Spes, 1965, § 1). Par ailleurs, Tertullien renforce l'universalité de cette promesse en affirmant que "la résurrection sera le retour à la vie de tous les hommes", engendrant ainsi un profond sentiment d'appartenance et de solidarité entre les croyants. Cette prise de conscience de l'importance de la résurrection nous pousse également à réfléchir à notre rôle en tant que témoins et acteurs de cette foi. En somme, la résurrection transcende notre compréhension classique de la vie, témoignant d'un espoir qui unit l'humanité dans une quête essentielle.

Ainsi, il apparaît que la résurrection de Jésus ne constitue pas seulement une vérité théologique, mais elle est le cœur même de notre existence humaine. Cet enseignement nous pousse à vivre une relation dynamisante avec le Christ ressuscité, laquelle est déterminante pour notre épanouissement spirituel. La prise de conscience de l'importance de la résurrection élargit notre perception de nous-mêmes et des autres, nous entraînant à voir notre existence comme ayant une portée éternelle. En nous connectant profondément à cette réalité, nous sommes invités à partager cette joyeuse espérance avec autrui, sous la forme d'un acte d'amour et de solidarité. En nous confrontant aux défis de la vie, nous réalisons que notre identité est ancrée dans la promesse de résurrection. Par ailleurs, cet engagement spirituel contribue également à façonner nos interactions et à insuffler un sens à nos choix de vie. Dans cette perspective, chaque jour devient une opportunité de témoigner de notre foi grâce à nos actions, à notre manière de nous relier aux autres et à notre manière de vivre. En fin de compte, la résurrection invite à considérer chaque moment comme sacré, chaque rencontre comme une occasion d'approfondir notre relation avec le divin. Cet engagement à vivre pleinement, en attendant avec impatience la joyeuse espérance promise, marque les croyants d'un sceau indélébile d'amour et de lumière.

Verset clé : Jean 11:25-26

Le passage de Jean 11:25-26, où Jésus affirme être "la résurrection et la vie", nous offre une approche transformative de la foi chrétienne. En parlant directement de la vie éternelle, Jésus ne relègue pas la résurrection à un événement lointain, mais la présente comme une réalité dynamique à expérimenter ici et maintenant. Cette proclamation centrale, selon laquelle "quiconque croit en lui vivra même s'il meurt", établit un lien précieux entre notre existence terrestre et notre destin éternel. Ce message, rappelé par le Concile dans Lumen Gentium , démontre que la présence de Christ dans notre vie quotidienne est cruciale pour notre développement spirituel (Lumen Gentium, 1964, § 28). La proximité de Dieu se cristallise à travers les actes des croyants, engendrant un échange vivant entre la foi et la vie. En outre, saint Augustin souligne que cette résurrection participe de manière permanente à notre vie, invitant à voir chaque instant comme une manifestation de notre cheminement spirituel. Ainsi, la résurrection devient un phénomène non seulement futuriste, mais qui déjà enrichit et transforme nos vies quotidiennes. Cette dynamique de vie, nourrie de l'amour de Dieu, encourage les croyants à créer un environnement communautaire où la foi est vécue et partagée. En somme, chaque croyant est appelé à témoigner de cette réalité vivante, à s'engager dans une relation personnelle avec le Christ ressuscité et à entretenir cette communion au sein de l'Église.

Dès lors, le passage Jean 11:25-26 affirme le caractère immédiat et participatif de la résurrection dans notre vie spirituelle, conférant un élan à notre parcours de foi. En Christ, la promesse de vie éternelle n'est pas une simple attente, mais une expérience concrète qui influe sur nos choix journaliers. Cette réalité nous incite à être des vecteurs de cette espérance dans notre environnement, à ce que notre lumière éclaire les lieux de souffrance et de désespoir. En cultivant cette relation vivante avec le Christ ressuscité, nous sommes appréhendés dans une communauté de foi qui angle et dynamise notre quotidien. Chacun de nous est appelé à promouvoir cette vérité, à s'inscrire dans cette dynamique d'amour et de lumière, vivant ainsi notre foi de manière authentique et vibrante.

3.1.2 La résurrection comme acte salvateur

La résurrection constitue un acte salvateur crucial dans la compréhension chrétienne du salut. Elle est une reconfiguration de la mort, tout à fait unique, touchant tant l'individu que la communauté. Dans cette perspective, la résurrection est présentée comme une lumière illuminant notre chemin vers la vie éternelle, une promesse radicale insérée dans la dynamique de la relation divine. En effet, la victoire du Christ sur la mort ne se limite pas à un fait isolé, mais est une invitation pour tous les croyants à participer à la plénitude de la vie. Paul, dans sa lettre aux Romains 6:5, souligne cette connexion en affirmant que « si nous sommes devenus une même plante avec lui par la ressemblance de sa mort, nous le serons aussi par la résurrection » (Romains 6:5, Bible Segond 21). Ce passage met en avant une notion d'interdépendance spirituelle et d'unité en Christ, dimension fondamentale de l'expérience chrétienne. Origène renforce cette idée en déclarant que « la résurrection nous unit tous dans un corps spirituel », soulignant l'aspect communautaire de cette promesse de vie éternelle. Par son caractère sacramentel, cette résurrection nous invite à embrasser cette dynamique au sein de notre communauté de foi, comme spécifiquement exposé dans Sacrosanctum Concilium . La liturgie des sacrements devient ainsi un moyen d'intégration au grand récit de rédemption proposé par le Christ.

Cette vision salvatrice de la résurrection nous appelle à une vie centrée sur le Christ, avec l'affirmation que chaque membre de la communauté joue un rôle vital dans le corps du Christ. En se réunissant autour de la vérité de la résurrection, les croyants témoignent d'une dynamique d'unité qui transcende les différences individuelles et spirituelles. Cette compréhension nous encourage à vivre une vie d'engagement, de solidarité, et de compassion, à la lumière de notre promesse commune. En nous identifiant à cette victoire sur la mort, nous devenons des témoins vivants de la force transformante du Christ ressuscité, enrichissant mais aussi revitalisant notre expérience spirituelle.

3.1.3 Perspective historique de la résurrection

La résurrection de Jésus s'inscrit dans une dimension historique qui renforce ses implications théologiques et spirituelles. En désignant le Christ comme le "premier des ressuscités" dans 1 Corinthiens 15:20, Paul établit une continuité entre l'événement de la résurrection et la vocation eschatologique de l'Église. Ce verset, affirmant que "maintenant Christ est ressuscité des morts, premier des fruits de ceux qui sont morts", inscrit la résurrection au cœur d'une longue lignée de promesses divines (1 Corinthiens 15:20, Bible Segond 21). En accord avec les réflexions conciliaires, qui durent célébrer l'Incarnation et la résurrection, nous sommes invités à inscrire notre compréhension du salut dans un cadre historique. Athanase de Grand affirme que « la résurrection du Christ a redonné un sens à l'histoire », soulignant l'impact de cet événement sur le destin de l'humanité. La communauté chrétienne, en tant que "Corps du Christ", est donc appelée à vivre cette espérance de résurrection, influençant ainsi la manière dont nous percevons notre engagement moral et éthique. En se penchant sur le récit de la résurrection et son application dans les vies des croyants, nous découvrons qu'elle façonne notre identité spirituelle et notre mission de vie. Cela illustre de manière éloquente que chaque croyant est confronté à l'appel de vivre dans l'espoir, en cultivant une vie éthique nourrie par cette promesse.

La connaissance historique de la résurrection de Jésus nous fournit une assise solide pour notre foi, inscrivant notre destin dans le plus grand récit divin. En nous intégrant dans cette histoire de salut, nous sommes non seulement appelés à vivre dans l'espérance, mais aussi à influencer le monde rempli de souffrance qui nous entourent. En miroir, notre compréhension de la résurrection nous engage à être des instruments de paix et de justice, témoignant de la capacité de la foi chrétienne à transformer des vies à travers l'héritage de la résurrection de Jésus.

3.1.4 Implications morales et éthiques de la résurrection

La résurrection entraîne des implications morales et éthiques considérables, engageant les croyants à vivre selon un standard élevé d'intégrité et de compassion. L'espérance d'une vie éternelle offre un cadre clair pour orienter nos comportements, bien au-delà des préoccupations matérielles du quotidien. Dans 1 Pierre 1:3, l'invitation à vivre dans l'espérance s'accompagne d'un appel à la sainteté, car "bercé par la grande miséricorde de Dieu", chaque croyant est appelé à éclore vers une nouvelle façon d'être. Grégoire de Nysse souligne que "l'engagement vers la sainteté permet d'introduire la lumière du Christ dans le monde". Ce cheminement spirituel, profondément ancré dans la promesse de la résurrection, doit éclairer toutes nos actions, orientant notre engagement moral. Gaudium et Spes réaffirme que "la foi en la résurrection doit éclairer toutes nos actions", créant ainsi un écho harmonieux entre notre foi et notre engagement éthique. Dans cette dynamique spirituelle, nos choix se présentent alors comme des occasions de participer activement à la lumière du Christ. Comprendre la résurrection comme un acte salvateur nous incite à nous engager dans le bien-être de nos semblables. Ainsi, chaque acte de bonté, chaque geste d'amour, devient une manifestation de cette vie renouvelée en Christ.

En harmonisant nos actions avec les implications éthiques de la résurrection, nous devenons de réels agents de transformation dans notre monde. Cette approche nous demande de nous engager à mener une vie de sainteté, faisant de nous des témoins des valeurs du Royaume. En visualisant notre existence à travers le prisme de la résurrection, chaque interaction se charge d'une dimension sacrée et porteuse de sens, créant ainsi un véritable modèle de comportement selon l'évangile.

3.1.5 La souffrance et la promesse de l'éternité

Dans le cadre de la souffrance humaine, l'enseignement sur la résurrection revêt une résonance significative. En Romains 8:18, Paul nous rappelle que « la souffrance actuelle n'est rien comparée à la gloire qui va se révéler en nous » (Romains 8:18, Bible Segond 21). Cette promesse divine offre une dimension de consolation, témoignant d'un sens plus profond à chaque souffrance éprouvée. La souffrance humaine, bien que douloureuse, trouve sa place dans un dessein sacré, comme l'indique Gaudium et Spes , en affirmant que "la souffrance est intégrée dans le mystère du Christ" (Gaudium et Spes, 1965, § 33). Tertullien, quant à lui, renforce cette vision en soulignant que « la douleur est un signe de fidélité », nous unissant à la passion du Christ. En percevant la souffrance à travers le prisme de la résurrection, les croyants développent une résilience nourrie par l'espoir. C'est cette force intérieure qui nous permet de porter la souffrance d'autrui et d'offrir un réconfort sincère.

La souffrance, confrontée à la lumière de la résurrection, se mue en un instrument de croissance spirituelle et de cohésion parmi les croyants. Elle nous rappelle que même dans l'adversité, notre appel est de porter l'espérance de la vie éternelle. Ce parcours partagé vers la gloire démontre que Dieu n'est pas indifférent à notre douleur, mais qu'Il est présent pour nous soutenir dans les épreuves. Ainsi, en cultivant cette dynamique de foi, nous nous engageons à encourager et à réconforter ceux qui sont en détresse, incarnant la promesse d'un avenir en Christ.

II. Preuves de l'immortalité de l'âme : perspectives historiques et théologiques

Introduction

La question de l'immortalité de l'âme reste une préoccupation centrale dans les domaines de la théologie et de la philosophie, tissant un lien entre l'humain et le transcendant. Ce thème va bien au-delà d'un simple débat académique, touchant à la compréhension des réalités spirituelles et à notre place dans le monde. La réflexion sur l'immortalité nous amène à explorer notre propre humanité, à interroger ce que signifie vivre après la mort, et à repenser notre relation avec le divin. Dans cette section, nous examinerons les bases scripturaires de l'immortalité de l'âme, en mettant en lumière la perspective des Pères de l'Église ainsi que les enjeux des débats théologiques contemporains. Ce parcours enrichissant vise à dévoiler des éléments compatibles entre foi, raison, et expérience humaine face à la question de l'âme. En mettant en avant comment cette notion a évolué au fil des siècles, nous visons à établir un lien entre les pensées traditionnelles et les expériences modernes. La vérité sur l'immortalité ne se révèle pas seulement dans des doctrines, mais à travers des vécus humains, personnalisés par la rencontre avec le divin. Ce chapitre se propose de questionner les croyances populaires et d'inviter à une réflexion plus poussée sur le sens et la valeur de chaque âme.

3.2.1 Fondement scripturaire de l'immortalité de l'âme

La doctrine de l'immortalité de l'âme trouve son origine profonde dans plusieurs passages clés des Écritures. Par exemple, dans Matthieu 10:28, Jésus enseigne que la mort physique ne doit pas nous faire craindre ceux qui peuvent tuer le corps, mais bien ceux qui peuvent également toucher l'âme. Son enseignement se pose comme une affirmation de la valeur spirituelle de chaque individu, rendant le corps temporaire face à la nature éternelle de l'âme. Cette réalité trouve également écho dans le Concile Vatican II, où il est rappelé que "l'homme est une unité spirituelle et corporelle" (Lumen Gentium, 14), promouvant une vision holistique de l'être humain. Dans Ézéchiel 18:4, nous trouvons une déclaration claire affirmant que "toutes les âmes sont à moi", établissant ainsi l'universalité de la valeur de chaque âme et son appartenance à la création divine. Irénée de Lyon souligne que l'âme, par sa nature spirituelle, est intrinsèquement conçue pour l'éternité, renforçant l'idée que l'immortalité est une caractéristique inhérente à notre humanité. Cette compréhension biblique, soutenue par la réflexion théologique, entraîne également une responsabilité morale vis-à-vis de notre âme et de la manière dont nous choisissons de vivre. Ainsi, ces fondements scripturaires incitent les croyants à faire de la vie spirituelle une priorité, cultivant une relation intime avec le divin.

Les enseignements scripturaires portant sur l'immortalité de l'âme ancrent notre compréhension théologique dans une vérité profonde, appelant les croyants à une réflexion sur leur destinée éternelle. Ils nous rappellent que notre existence ici-bas est façonnée par un engagement envers cette réalité, et qu'elle transcende le simple devenir physique. L'essence de chaque âme, précieuse aux yeux de Dieu, doit nous inciter à contempler notre vie ainsi que celle des autres avec sérieux et compassion. Cette invitation spirituelle nous pousse à chercher la profondeur d'une vie qui honore cette immortalité, tout en honorant notre nature spirituelle en communion avec le divin.

3.2.2 Approche des Pères de l'Église

Les réflexions des Pères de l'Église, comme Saint Augustin, portent un éclairage précieux sur notre compréhension de l'immortalité de l'âme. Dans ses Confessions , Augustin souligne que "chaque âme a un désir inné pour son Créateur", exprimant ainsi un profond appel à retrouver un sens de plénitude dans la communion avec Dieu (Augustin, 397-400). Sa célèbre déclaration, « Mon âme est faite pour toi, Seigneur », résonne comme une déclaration de la destination finale et ultime de chaque être humain. Ce sentiment d'orientation vers le divin trouve aussi écho dans le Concile, affirmant que "l'âme est appelée à chercher la vérité et la vie en Dieu" (Lumen Gentium, 10, Vatican II). De son côté, Basile de Césarée renforce cette idée en précisant que "l'âme, en tant qu'essence divine, est indestructible et doit toujours se tourner vers la lumière de Dieu." Dans cette perspective, la quête spirituelle ne doit pas être considérée comme un simple exercice intellectuel, mais comme un engagement vibrant vers la vérité divine qui nous comble. Ainsi, les Pères de l'Église nous rappellent que notre aspiration à Dieu ne sera pleinement réalisée qu'en reconnaissant et honorant notre immortalité en tant qu'élément fondamental de notre humanité.

Cette approche des Pères de l'Église enrichit notre vision d'une immortalité intrinsèquement liée à notre désir inné de transcendance. Elle nous encourage à cultiver notre relation avec Dieu afin de parvenir à une véritable plénitude spirituelle. En comprenant que notre quête d'amour et de vérité est essentielle à notre nature spirituelle, nous sommes incités à engager notre vie d'une manière qui témoigne de ce désir profond.

3.2.3 Débats théologiques et compréhension de l'immortalité

Les réflexions sur l'immortalité de l'âme se sont radicalement approfondies grâce aux travaux de théologiens comme Thomas d'Aquin. Dans sa Somme théologique , il définit l'âme comme "le principe de vie", attribuant à chaque être humain une dignité sacrée découlant de cette immortalité (Aquin, 1265-1274). Cette perspective rejoint également la déclaration du Concile sur la dignité humaine, ce qui permet de réunir théologie et morale (Gaudium et Spes, 12, Vatican II). D'Aquin avance que l'âme est immortelle parce qu'elle est intrinsèquement liée à Dieu et que "la contemplation de la vérité ultime fait partie intégrante de notre nature". Cela implique que vivre de manière authentique en tant qu'êtres humains exige une attention particulière à nos dimensions spirituelles et morales. La question de l'immortalité est ainsi intégrée dans notre quête de sens, faisant écho à des vérités existentielles qui façonnent notre vie ici et maintenant. En abordant cette compréhension de la dignité humaine, nous devenons conscients de la nécessité de vivre en harmonie avec nos aspirations spirituelles, nous engageant à respecter la valeur inestimable de chaque âme.

Thomas d'Aquin propose une approche riche et nuancée de l'immortalité de l'âme, reliant notre dignité humaine à notre existence spirituelle éternelle. En l'insérant dans le cadre de notre vie au quotidien, cette perspective nous pousse à adopter une vie centrée sur nos valeurs spirituelles, tout en explorant notre véritable nature. Ainsi, vivre en alignement avec cette réalité soulève la nécessité d'une exaltation spirituelle authentique, bien plus que d'un simple respect des traditions, nous incitant à embrasser une spiritualité vivante et active.

3.2.4 Témoignages historiques et expériences de mort imminente

Les expériences de mort imminente (EMI) offrent une dimension contemporaine fascinante à notre compréhension de l'âme et de son immortalité. Ces récits, souvent marquants et profondément transformateurs, ne se préoccupent pas seulement de perceptions personnelles, mais résonnent avec les réflexions philosophiques anciennes, comme celles de Platon dans La

République . Dans cette tradition de pensée, il est suggéré que les âmes connaissent un voyage après la mort, ce qui trouve écho dans les témoignages modernes. Hans Urs von Balthasar observe que ces expériences semblent souvent s'harmoniser avec les croyances anciennes sur l'après-vie (von Balthasar, 1992). En ce sens, ces témoignages sont perçus par l'Église comme des manifestations de l'âme cherchant le divin, ce qui renforce une compréhension de l'immortalité déjà présente chez les Pères de l'Église. Ces récits constituent également un apport précieux à la foi, soulignant les possibilités d'une vie après la mort. Ils nous rappellent que l'éternité est une réalité vécue, assimilée aux promesses divines qui attendent chaque âme. Cela atteste que l'immortalité de l'âme ne reste pas un concept abstrait, mais qu'elle est, au contraire, vécue dignement et intensément.

Ces expériences de mort imminente dévoilent une quête universelle pour la vérité éternelle, illustrant l'interconnectivité entre les différentes époques et traditions de pensée. Elles enrichissent notre compréhension spirituelle tout en offrant des éclairages contemporains sur nos croyances en matière de l'âme et de son éternité. En nous posant ces questions profondes, nous sommes invités à approfondir notre réflexivité spirituelle et à embrasser la promesse d'une nouvelle réalité révélée par notre foi.

3.2.5 Rôle de l'immortalité comme facteur d'espérance

La notion d'immortalité joue un rôle capital dans notre espérance chrétienne, cultivant un sentiment de promesse et d'anticipation par rapport à notre destinée ultime. Dans Hébreux 13:14, il est affirmé que nous ne trouvons pas ici une demeure permanente, mais aspirons à une « cité céleste » (Hébreux 13:14, Bible Segond 21). Cette vision de notre futur espéré est essentielle au message chrétien, et le Concile insiste sur le fait que "la promesse d'une vie éternelle doit modeler notre existence quotidienne" (Gaudium et Spes, 21). Saint Jean Chrysostome, dans ses sermons, rappelle que "la promesse de l'immortalité doit faire vibrer notre cœur", nous incitant à redéfinir nos priorités dans cette lumière d'espérance. Cet esprit d'anticipation forge une communauté unie par une aspiration collective vers la transcendance et la communion divine. En incarnant cette espérance, les croyants acceptent de faire face aux défis de la vie avec une résilience accordée à une promesse de rédemption. Dans cette dynamique, la foi devient une dynamique de force spirituelle, alimentant le désir de créer des interactions empreintes d'amour et de vérité. Ainsi, chaque croyant est invité à porter cette lumière dans un monde aux prises avec de nombreuses incertitudes, stimulant un changement positif autour de lui.

L'immortalité nourrit notre espérance et irrigue notre existence, nous poussant à vivre instruits par la perspective de la vie éternelle. Cette compréhension transforme notre quotidien en nous appelant à œuvrer pour le bien, tout en anticipant la promesse divine avec optimisme. En cultivant cette vision, nous devenons des artisans de lumière, offrant réconfort et inspiration à ceux qui nous entourent, rappelant ainsi l'innovation vibrante de la foi chrétienne en réponse aux défis du monde.

Versets clés à considérer

Les Écritures offrent de nombreux passages soutenant la vérité de l'immortalité, comme dans l'Apocalypse 21:4 qui nous assure qu' « il n'y aura plus de mort, ni de deuil, ni de cri, ni de douleur » (Apocalypse 21:4, Bible Segond 21). Cette promesse résonne avec les enseignements conciliaires, concernant la consolation et l'espérance que la foi chrétienne offre face aux adversités (Lumen Gentium, 52). Cette assurance de la vie éternelle, mise en avant par des théologiens tels que Pierre de Cluny, promet que "les douleurs traversées deviendront des témoignages d'amour", invitant ainsi les croyants à accueillir le périple avec dignité. Cela nous rappelle qu'au cœur de chaque épreuve, la lumière de cette promesse divine rayonne, créant des occasions de mise en pratique de notre foi.

Ces versets approfondissent notre conviction dans l'immortalité de l'âme et la promesse d'une vie éternelle. Ils rappellent aux croyants que notre souffrance est temporaire, renforçant ainsi notre engagement à vivre en paix et avec amour, tout en partageant cette réalité d'espérance avec notre communauté. En intégrant ces vérités dans nos vies, nous devenons des instruments vivants de cette promesse divine, nous incitant à témoigner de la lumière de l'immortalité dans un monde désireux de guérison.

3.2.5 Prise de conscience de l'immortalité dans notre quotidien

La compréhension de l'immortalité devrait être une pierre angulaire de notre réflexion et de nos choix quotidiens. Ce processus d’introspection, comme le souligne Gaudium et Spes , nous appelle à vivre pleinement notre humanité et à mettre en lumière notre engagement moral (Gaudium et Spes, 26). En intégrant cette réalité spirituelle au cœur de notre existence, chaque geste, chaque interaction prend un sens profond, et fait écho à notre parcours vers l'éternité. En réaffirmant les paroles de Clément d'Alexandrie, "notre passage sur terre est un avant-goût de la vie éternelle", nous prenons conscience que chaque instant peut être une occasion de préparer notre avenir éternel. Cette vision implique une responsabilisation de nos actions, mettant en avant que nos choix influencent non seulement notre vie, mais aussi celle de notre entourage. En cultivant cette conscience, nous devenons des catalyseurs de changement social et spirituel dans notre communauté, vivant dans la lumière de notre immortalité.

La prise de conscience de notre immortalité enrichit notre parcours humain, renforçant l'importance de chaque choix et interaction. Elle nous appelle à embrasser notre humanité comme un don inestimable, nous incitant à vivre avec sens et objectif. Ainsi, chaque moment de notre existence devient une préparation pour notre éternité, enrichissant notre connexion avec Dieu et nos semblables.

Conclusion et réflexions contemporaines

À la lumière des enseignements sur la résurrection et l'immortalité, il est crucial de réévaluer notre existence. Le Concile Vatican II affirme que ces vérités doivent s'exprimer non seulement en dogmes, mais se manifester dans nos actions concrètes empreintes d'amour et de compassion. S'engager à vivre selon ces principes devient un puissant levier pour surmonter la souffrance et contribuer à alléger le fardeau du monde. En fin de compte, embrasser la réalité de la résurrection et de l'immortalité nous offre une perspective chrétienne unique sur notre existence, mais nous incite aussi à agir avec intégrité, compassion et espoir dans un monde changeant. Selon la sagesse des âges, en particulier celle d'Augustin, "vivre dans l'espérance de l'éternité, c'est faire résonner l'amour dans chaque acte et chaque pensée."

Chapitre 4 : La Nature de l'Homme : Corps, Âme et Esprit

4.1Une Entité Complexe

Dans la compréhension chrétienne, l'homme est perçu comme une entité complexe composée de trois éléments principaux : le corps, l'âme et l'esprit. Saint Augustin, l'un des penseurs les plus influents du christianisme primitif, déclare avec brio : "L'homme est une nature à la fois corporelle et spirituelle ; et c'est ce qui le place dans l'ordre de la création tout entier" (Augustin, De Trinitate , livre 12). Cette triade, essentielle pour appréhender notre humanité, établit un lien indéfectible entre nous et le divin, suggérant que chaque aspect de notre être a sa propre place et son propre but dans l'univers. Selon l' Encyclopédie de la Philosophie , le corps est défini comme "la substance matérielle qui compose l'être humain, par opposition à l'esprit ou à l'âme, lesquels constituent sa dimension immatérielle" (Encyclopédie de la Philosophie, 2017). En effet, reconnaître cette pluralité en nous nous permet d'embrasser la plénitude de notre existence, nourrissant tant notre vie corporelle que spirituelle. Comme il est dit dans Genèse 2:7, "Alors l'Éternel Dieu forma l'homme de la poussière du sol, insufla dans ses narines un souffle de vie, et l'homme devint un être vivant" (Genèse 2:7, Bible Segond 21). Cela montre clairement que notre essence inclut une dimension spirituelle, ce qui nous distingue des autres créatures, ajoutant une profondeur à notre identité. Le Concile Vatican II met aussi l'accent sur la dignité humaine, tenant à rappeler que "la personne humaine est le principe, le sujet et la fin de toutes les institutions sociales" (Gaudium et Spes, 25), soulignant ainsi l'importance de chaque individu. Développant cette idée, Thomas d'Aquin affirme avec conviction que "la dignité de l'homme est dans sa nature qui est à la fois corporelle et spirituelle" (Somme théologique, I, q. 29, a. 1). Il est crucial de reconnaître cette dignité pour comprendre notre identité en tant qu'êtres complexes, ce qui nous amène à une réflexion plus profonde sur notre rôle dans le monde.

4.2 Le Corps : Temple de l'Âme

Le corps, qui représente l'aspect tangible de notre existence, est le véhicule par lequel nous faisons l'expérience du monde matériel qui nous entoure. En tant que temple de notre âme, il est non seulement l'outil à travers lequel nous exprimons nos émotions, mais également celui qui nous permet de ressentir la joie ainsi que la souffrance et d'interagir avec notre environnement. La prise de conscience de cette relation sacrée entre le corps et l'âme souligne l'importance de respecter et d'entretenir notre corps à la lumière de notre foi. Comme Paul l'écrit dans 1 Corinthiens 6:19-20 : "Ne savez-vous pas que votre corps est le temple du Saint-Esprit qui est en vous, que vous avez reçu de Dieu, et que vous ne vous appartenez point à vous-mêmes ? Car vous avez été rachetés à un grand prix. Glorifiez donc Dieu dans votre corps et dans votre esprit, qui appartiennent à Dieu" (1 Corinthiens 6:19-20, Bible Segond 21). Cette vision est renforcée par Saint Augustin qui dit : "Ainsi notre corps doit être le temple vivant de Dieu, un sanctuaire de sa gloire" (Augustin, Commentaire sur le Psaume 113). En reconnaissant notre corps comme un don divin à préserver et à honorer, nous adhérons à un enseignement fondamental du christianisme. Le souhait de Saint Jean-Paul II, dans son angélus du 1er mai 1983, souligne cette réalité en affirmant que "le corps humain est le lieu où l'âme se manifeste et où le mystère de Dieu se trouve révélé dans la création." Ainsi, l'appel à respecter notre corps comme un sanctuaire de l'âme devient une proposition spirituelle qui enrichit notre vie chrétienne, renforçant l'idée que chaque geste de soin envers notre corps est un acte de dévotion.

4.2 L'Âme : Essence Spirituelle

L'âme est considérée comme notre essence spirituelle, la part de nous insufflée par Dieu, illustrant notre connexion directe avec le divin. Saint Thomas d'Aquin enseigne que "l'âme est la forme du corps, et ce qui la rend vivante" (Aquin, 1265/1274), ce qui introduit la notion d'interdépendance entre ces deux aspects de notre être. Cette interconnexion entre l'âme et le corps souligne l'importance de prendre soin de notre santé physique et spirituelle. En effet, une âme nourrie par la prière et la contemplation peut influencer positivement notre bien-être physique. Selon l' Encyclopédie Universelle, l'âme est "le principe de la vie qui, dans certaines traditions philosophiques et religieuses, est considérée comme immortelle et distincte du corps" (Encyclopédie Universelle, n.d.). Cette dimension immortelle de l'âme nous rappelle qu'il existe une continuité après la mort physique, renforçant ainsi notre engagement à mener une vie vertueuse. Dans Matthieu 10:28, Jésus nous rappelle l'importance de notre âme en déclarant : "Ne craignez pas ceux qui tuent le corps, mais ne peuvent tuer l'âme" (Matthieu 10:28). Cela met en avant la nécessité de protéger notre âme des influences négatives tout en cultivant des expériences spirituelles enrichissantes. Le concile Vatican II, dans la Constitution Lumen Gentium, indique que "l'âme est créée directement par Dieu et est donc immortelle" (Vatican II, 1964, Lumen Gentium, 36), soulignant ainsi cette dimension essentielle dans notre compréhension de l'être humain et de notre vigilance spirituelle.

Références :

- Aquin, T. (1265/1274). Somme théologique . Éditions de la Pléiade.

- Encyclopédie Universelle. (n.d.). Article « Âme ».

- Vatican II. (1964). Lumen Gentium .

4.3 L'Esprit : Siège de la Raison

L'esprit est le siège de notre raison, de notre conscience, et représente notre capacité à interagir spirituellement avec le Créateur. Cette interaction est essentielle pour saisir notre vocation divine, car elle implique la compréhension des vérités qui transcendent notre existence matérielle. Comme mentionné dans Romains 8:16, "L'Esprit lui-même rend témoignage à notre esprit que nous sommes enfants de Dieu" (Romains 8:16). Ce passage révèle notre identité en tant qu'héritiers d'une promesse divine, renforçant notre compréhension du lien vital entre notre esprit et notre identité chrétienne. En écho, Saint Augustin proclame : "L'esprit de l'homme est comme un roi qui, confiné dans son palais, s'efforce de sortir pour contempler le ciel" (Augustin, 397). Cette métaphore évoque la quête innée de l'esprit pour transcender le monde matériel afin d'atteindre des vérités plus élevées. Dans la philosophie chrétienne, l'esprit est souvent décrit comme "la faculté qui transcende le monde matériel et permet à l'homme d'accéder à des vérités supérieures et à une communion avec Dieu" (Philosophie chrétienne, n.d.). Le Catéchisme de l'Église catholique précise que "l'esprit humain est capable de connaître la vérité et de s'ouvrir à l'infini" (CEC, 28), ce qui nous invite à poursuivre une quête perpétuelle de connaissance et de foi. En favorisant un dialogue constant avec Dieu, notre esprit cherche à s'approcher de la vérité divine, confirmant ainsi notre appel spirituel.

Références :

- Augustin. (397). Confessions . Éditions du Cerf.

- Catéchisme de l'Église catholique (CEC). (1997). Catéchisme de l'Église catholique . Éditions du Cerf.

- Philosophie chrétienne. (n.d.). Article sur le concept d'esprit.

4.4 Un Appel à l'Équilibre

Cette compréhension de la connexion entre l'âme et l'esprit est mise en lumière par la prière de Paul dans 1 Thessaloniciens 5:23, où il demande que notre "esprit, âme et corps" soient gardés en entier et irréprochables. En cela, vivre dans l'équilibre devient une vocation, un appel à reconnaître et à nourrir chaque aspect de notre être pour participer pleinement à la plénitude de la vie chrétienne. Dans 2 Pierre 1:5-7, nous sommes encouragés à "ajouter à votre foi la vertu, à la vertu la connaissance, à la connaissance la tempérance, à la tempérance la patience, à la patience la piété, à la piété l'affection fraternelle, et à l'affection fraternelle l'amour" (2 Pierre 1:5-7). Ces versets montrent que la croissance spirituelle est un cheminement progressif qui nécessite un engagement conscient et délibéré. Le Concile Vatican II, dans la Déclaration sur la Liberté Religieuse, évoque également la nécessité de manifester notre foi dans nos actions, rappelant que "la liberté religieuse implique une capacité de reconnaître et de cultiver le spirituel en toute liberté" (Dignitatis Humanae, 3). Saint Thomas d'Aquin, à cet égard, souligne que "la modération de l'âme est une condition essentielle pour l'équilibre de la vie" (Aquin, 1265/1274), ce qui nous rappelle que l'harmonie intérieure est essentielle pour vivre selon notre vocation divine. En investissant dans cette intégration de notre esprit, âme et corps, nous réalisons que la quête d'équilibre est non seulement bénéfique pour notre bien-être individuel, mais également pour notre mission collective en tant que communauté chrétienne.

Références :

- Aquin, T. (1265/1274). Somme théologique . Éditions de la Pléiade.

- Concile Vatican II. (1965). Dignitatis Humanae .

- P. 2 Pierre 1:5-7, Bible.

4.5 Épanouissement de l'Être Intérieur

Chaque dimension – corps, âme et esprit – doit s'épanouir pour témoigner de la grandeur de la création divine. L'interaction entre ces trois éléments doit être cultivée par la prière assidue, l'étude des Écritures et la pratique des sacrements, stimulant ainsi notre croissance spirituelle. Comme il est écrit dans Colossiens 3:16, "Que la parole de Christ habite parmi vous avec toute sa richesse; instruisez-vous et exhortez-vous les uns les autres en toute sagesse, chantez dans vos cœurs à Dieu en toute grâce, sous l'inspiration de l'Esprit" (Colossiens 3:16). Ce verset nous invite à faire de l'Écriture un guide essentiel dans notre cheminement de foi. Saint Augustin, en exhortant à la contemplation, rappelle aussi que "celui qui s'éloigne de Dieu, se prive de toutes ces richesses" (Augustin, Sur le Psaume 1), soulignant ainsi l'importance d'une vie centrée sur Dieu pour notre épanouissement intérieur. Le Pape François rappelle souvent que cet épanouissement intérieur est clé pour vivre le bonheur chrétien, affirmant que "l'homme est appelé à vivre dans la plénitude de sa dignité, en prenant soin de son intégrité, de son corps, de son esprit et de son âme" (François, 2013). En cherchant à harmoniser ces dimensions, nous réalisons que lorsque elles fonctionnent ensemble, nous sommes mieux équipés pour refléter la lumière du Christ dans notre vie quotidienne.

Références :

- Augustin. (Sur le Psaume 1). Sur les Psaumes . Éditions du Cerf.

- Bible, Colossiens 3:16.

- François. (2013). La joie de l'Évangile .

4.6 L'interconnexion entre le corps, l'âme et l'esprit

L'interconnexion entre le corps, l'âme et l'esprit souligne les défis de notre condition humaine. En effet, en tant que croyants, il est crucial de comprendre que notre âme est éternelle et qu'elle persiste au-delà des limites physiques de notre corps, une réalité que nous devons toujours garder à l'esprit. Cela souligne l'importance de voir notre existence non seulement en terme de matérialité, mais aussi sous l'angle spirituel. Cette prise de conscience permet aussi de développer une approche éthique quant au choix de nos actions, puisque celles-ci auront un impact sur notre état spirituel. Cela nous pousse à envisager notre existence sous un jour nouveau, conscients de notre destin éternel et de la façon dont nos choix influencent cette destinée. Dans Hébreux 9:27, il est dit : "Et comme il est réservé aux hommes de mourir une seule fois, après quoi vient le jugement" (Bible de Jérusalem, 2005), ce qui évoque la notion que nos choix déterminent notre orientation spirituelle. Cette exhortation nous rappelle la gravité de nos décisions et de la façon dont elles s'inscrivent dans le récit de notre vie spirituelle. Ainsi, une vie réfléchie et sage, en harmonie avec notre foi, devient indispensable pour avancer spirituellement. La Déclaration Gaudium et Spes rappelle que "l'homme est en même temps un être spirituel et corporel, confronté à un destin transcendant" (Concile Vatican II, 1965), incitant ainsi à une prise de conscience de notre responsabilité dans nos choix. Saint Thomas d'Aquin nous enseigne également que "le bien suprême est atteint par l'union de l'âme avec Dieu" (Thomas d'Aquin, 1981), soulignant que cet objectif doit guider nos actions quotidiennes.

4.7 Une Vie de Foi

Cette perspective nous incite à vivre une vie de foi, où notre âme peut se nourrir des vérités divines et des sacrements de l'Église, augmentant notre capacité à conduire un mode de vie en harmonie avec notre nature spirituelle. La foi, en tant que relation vivante avec Dieu, devient une force qui nous unit et nous guide. En cultivant une relation authentique avec Dieu, nous avons la possibilité d'améliorer la qualité de notre existence et de rayonner cette lumière dans notre entourage. Cette lumière est le reflet de notre foi en action et de notre engagement envers Dieu. Comme dans Ésaïe 40:31, "Mais ceux qui espèrent en l'Éternel renouvellent leur force ; ils s'élèvent avec des ailes comme les aigles ; ils courent, et ne se lassent pas ; ils marchent, et ne se fatiguent pas" (Bible de Jérusalem, 2005). Ce verset célèbre illustre les ressources spirituelles dont nous pouvons tirer parti pour naviguer dans la vie de manière joyeuse et forte. En même temps, il nous rappelle que l'espérance est intrinsèque à une vie de foi, suffisamment pour affronter chaque épreuve. Ce parcours de foi est également soutenu par les papes récents, dont le Pape Benoît XVI qui a affirmé que "la foi est un don qui nous engage à vivre en plénitude la vie que Dieu nous offre" (Benoît XVI, 2007), nous exhortant à ne jamais perdre de vue notre relation avec le divin. Saint Augustin ajoute avec sagesse : "Je cherche, Seigneur, ce que tu veux que je sois" (Augustin, 1998), une quête personnelle qui doit résonner en chacun de nous alors que nous cherchons à comprendre notre place dans le plan divin. Cela implique une recherche permanente de répondre à cet appel spirituel en nous engageant à vivre selon la volonté divine.

4.8 Éternité et Relation avec Dieu

Le psalmiste nous rappelle avec réassurance que "La bonté et l'amour me suivront tous les jours de ma vie" (Bible de Jérusalem, 2005, Psaume 23:6). Cette affirmation également nous reconnecte à l'idée que notre existence, ancrée dans le divin, est guidée par la promesse d'une vie éternelle, ce qui donne une perspective nouvelle à notre condition humaine. Comprendre que notre vie a un but transcendant est essentiel pour naviguer dans les complexités de l'existence. En réponse à cette connaissance, notre âme, en quête de son Créateur, cherche à s'engager dans une relation d'amour éternelle avec Dieu, ce qui donne un sens plus profond à notre vie. Cela nous incite à prioriser notre vie spirituelle au-dessus des distractions temporelles. Dans Jean 3:16, nous sommes assurés que "Dieu a tant aimé le monde qu'il a donné son Fils unique, afin que quiconque croit en lui ne périsse point, mais qu'il ait la vie éternelle" (Bible de Jérusalem, 2005). Ce verset résume magnifiquement le fondement de notre foi et de notre espérance en une existence au-delà de cette vie. La déclaration du Concile Vatican II nous rappelle que cette relation est au cœur de la vie chrétienne, affirmant que "la vie éternelle est notre vocation ultime" (Concile Vatican II, 1964), une vérité que nous devons creuser et approfondir dans nos méditations. Saint Thomas d'Aquin renforce cette idée en disant que "la vie éternelle est la fin de l'homme, étant l'état le plus parfait" (Thomas d'Aquin, 1981), nous invitant à contempler le but ultime de notre existence. Cet objectif nous incite à développer une vie conforme aux valeurs chrétiennes.

4.9 Recentrage sur l'Essence Spirituelle

Dans un monde souvent matérialiste, se recentrer sur notre essence spirituelle et notre lien avec Dieu est fondamental. Ce recentrage nous incite à examiner notre vie à travers le prisme de la spiritualité authentique. Cette prise de conscience nous pousse à considérer les implications éthiques de nos actions, sachant qu'elles ont une portée spirituelle qui dépasse notre quotidien. Chaque action, chaque choix, devient alors un reflet de notre véritable identité en Christ, un appel à agir avec intégrité et amour. Comme il est écrit dans Galates 2:20, "J'ai été crucifié avec Christ ; ce n'est plus moi qui vis, c'est Christ qui vit en moi" (Bible de Jérusalem, 2005). Cela suggère une transformation intérieure qui doit se manifester dans notre comportement extérieur. Nous sommes donc invités à vivre une vie qui illustre notre foi et nos convictions spirituelles, où chaque acte est un témoignage du Christ. Le Pape François a souligné l'idée que "la spiritualité chrétienne nous appelle à vivre non pas pour nous-mêmes, mais pour le Christ et pour les autres" (François, 2013), une vérité qui nous rappelle l'importance de notre responsabilité sociale et spirituelle. En écho, Saint Augustin déclare que "notre cœur est inquiet tant qu'il ne se repose pas en toi" (Augustin, 1998), nous rappelant ainsi que notre quête de satisfaction ultime ne peut se trouver qu'en Dieu. Cela appelle à un engagement authentique envers Dieu et à vivre avec amitié une vie de prière.

4.10 Motivation par la Vie Intérieure

La vie intérieure, alimentée par la prière et l'étude des Écritures, devient ainsi une source de motivation, nous incitant à agir avec amour et compassion dans le monde. Cela révèle également que la science de la spiritualité nous enseigne que c'est en prenant soin de notre âme que nous pouvons véritablement nous engager dans une vie de service et de bonté. Dans Philippiens 4:8, nous sommes encouragés à méditer sur tout ce qui est vrai, honnête, juste, pur, aimable, de bonne renommée, sur ce qu'il y a de vertueux et de louable, ce qui oriente notre pensée vers des objectifs spirituels élevés. En se concentrant sur ces aspects, nous cultivons une mentalité qui nous permet d'agir en reflet de notre foi. Le Concile Vatican II nous encourage également à valoriser ces engagements, en déclarant que "la lecture de la Sainte Écriture doit être encouragée chez tous les fidèles" (Concile Vatican II, 1965). En intégrant la Parole de Dieu dans notre vie quotidienne, nous enrichissons notre compréhension et notre capacité à agir selon Sa volonté. Saint Thomas d'Aquin souligne que "par la connaissance de la vérité, nous sommes conduits à l'amour" (Thomas d'Aquin, 1981), rappelant ainsi l'importance de nourrir notre intellect et notre cœur simultanément. Cela nous indique que la croissance spirituelle repose sur un équilibre entre l'étude et la pratique.

4.11 Engagement Spirituel et Pratique

Ainsi, notre compréhension de la nature humaine en tant que corps, âme et esprit n’est pas seulement une théorie intellectuelle, mais une occasion de réflexion sur nos choix, nos actions et notre engagement envers Dieu. Cela constitue un appel à l'intégrité, à vivre de manière cohérente avec les vérités que nous professons. En nourrissant chaque dimension de notre être, nous devenons des témoins de la vérité éternelle, apportant une lumière à ceux qui nous entourent. Comme il est proclamé dans Matthieu 5:16, "Que votre lumière brille ainsi devant les hommes, afin qu'ils voient vos bonnes œuvres et glorifient votre Père qui est dans les cieux" (Bible de Jérusalem, 2005). Cela souligne notre appel à agir de manière à refléter la gloire de Dieu. Le Pape Jean-Paul II a souvent rappelé que "tous les aspects de notre vie, de notre travail, de notre prière doivent être éclairés par notre foi" (Jean-Paul II, 1991), établissant un lien concret entre notre vie quotidienne et notre engagement spirituel. En écho, Saint Augustin déclare : "Où que nous soyons, à la lumière de la grâce, nos actions doivent délivrer des résultats éthiques" (Augustin, 1998), nous incitant à nous engager activement dans notre communauté et notre monde. Cela nous enseigne que l'éthique chrétienne doit se manifester dans nos actions quotidiennes, témoignant de notre foi vivante.

4.12 Harmonisation de l'Être

La compréhension de cette nature tripartite – corps, âme et esprit nous pousse à vivre une vie d'intégrité, reconnaissant que toutes ces dimensions doivent s'harmoniser pour vraiment participer à la plénitude de la vie chrétienne. Ainsi, à travers la prière et l'étude de la Bible, nous cultivons un équilibre spirituel. Cela nous appelle à faire de la prière et de la méditation une pratique quotidienne, intégrant chaque aspect de notre étant dans notre parcours spirituel. Dans Proverbes 4:23, il est écrit : "Garde ton cœur plus que toute autre chose, car de lui viennent les sources de la vie" (Bible de Jérusalem, 2005). Cela indique l'importance de préserver notre âme et de nourrir des pensées positives et constructives. Le Catéchisme de l'Église catholique affirme aussi que "la prière est la clé qui nous ouvre les portes de l'éternité" (Catéchisme de l'Église catholique, 1992), ce qui souligne la nécessité d'un lien constant avec Dieu. Saint Thomas d'Aquin rappelle que "le perfectionnement du genre humain est dans l'harmonie entre ces trois dimensions" (Thomas d'Aquin, 1981), servant d'invitation à cultiver un équilibre qui favorise notre croissance spirituelle et notre engagement dans le monde. Cela nous invite à observer comment chaque aspect de notre être interagit avec les autres.

5.13 Lumière de Christ à Travers Nous

C'est à travers cette harmonie que la lumière du Christ peut briller à travers nous, incarnant ainsi l'amour du Père dans notre quotidien. Saint Augustin proclame que "la lumière de la vérité ne se reflète que dans une âme unifiée par la foi" (Augustin, 1998). En somme, embrasser notre nature tripartite est une invitation à vivre authentiquement, tant dans le matériel que dans la dimension spirituelle de notre existence et de notre mission. Cela signifie que notre engagement spirituel doit se manifester aussi dans notre comportement quotidien. Le Pape François nous encourage à être des "lumières dans le monde", appelant chaque chrétien à révéler la bonté de Dieu par leur comportement et leurs actions (François, 2013). Cette exhortation nous rappelle que notre façon d'agir dans le monde est un témoignage vivant de notre foi et de notre relation avec le divin. Cela engage chacun de nous à être des ambassadeurs de Christ ici et maintenant, en vivant nos valeurs chrétiennes. Par conséquent, chaque acte de bonté, de miséricorde ou d'amour que nous accomplissons est une manière de transmettre la lumière que nous avons reçue de Christ. En intégrant cette lumière dans nos vies individuelles et collectives, nous participons à un changement positif dans notre environnement.

Conclusion

La compréhension et l'acceptation de notre nature en tant que corps, âme et esprit sont essentielles pour mener une vie spirituelle enrichissante et épanouissante. Cela implique d'adopter une perspective holistique sur notre existence chrétienne. En intégrant ces vérités dans notre quotidien, nous pouvons véritablement vivre la promesse d'une vie éternelle, où chaque aspect de notre être reflète la gloire de Dieu. Dans ce sens, Saint Augustin affirmait : "L'âme qui cherche Dieu, trouve sa véritable destination" (Augustin, 1998). Ce cheminement spirituel invite chacun d'entre nous à s'engager dans une quête de retour vers notre Créateur, vivifiant ainsi notre corps, notre âme et notre esprit dans une harmonie divine qui nous rapproche toujours plus de Lui. Cela implique de prioriser notre relation avec Dieu par la prière et le service. En reconnaissant ce chemin comme une invitation constante à grandir dans la foi, nous découvrons que notre existence a un sens qui dépasse les défis de notre condition humaine, nous incitant à embrasser un avenir radieux guidé par les principes spirituels qui nous unissent à Dieu. En définitive, cette compréhension de notre nature holistique nous appelle à vivre pleinement, à aimer profondément et à servir avec diligence, en sachant que nous sommes des créatures bien-aimées de Dieu appelées à un destin éternel. Cela nous invite à vivre avec engagement une foi active qui impacte notre environnement immédiat et notre avenir spirituel.

Chapitre 5 : L'Identité Spirituelle et l'Impossibilité de Mourir

Introduction

Dans le paysage dynamique et souvent tumultueux de notre existence, la quête d'identité spirituelle se révèle cruciale pour les croyants. Ce chapitre explore la profondeur de notre identité en tant qu'enfants de Dieu et la manière dont elle façonne notre compréhension de la vie, de la mort et de l'éternité. Construit autour de la pensée chrétienne, il révèle comment cette identité spirituelle est non seulement une fondation pour notre existence, mais aussi un phare éclairant notre chemin à travers les épreuves de la vie. En examinant la nature de notre identité, son analogie avec l'image divine, ainsi que l'impact de la promesse de la vie éternelle, nous nous engageons à découvrir l'essence même de notre être. Par ailleurs, ce chapitre approfondit la transformation spirituelle qui accompagne la compréhension de notre immortalité et l'appel à vivre authentiquement en tant que témoins de l'amour de Dieu. Au fil de cette exploration, nous seront encouragés non seulement à embrasser notre vocation chrétienne, mais également à devenir des acteurs proactifs dans notre communauté, apportant lumière et espoir à ceux qui nous entourent.

5.1 La Nature de Notre Identité

La spiritualité chrétienne repose solide sur la notion d'identité, qui se révèle être une pierre angulaire pour chaque croyant cherchant à comprendre son existence, ainsi que sa place dans la création divine. Cette identité, façonnée par la grâce divine, devient le ciment sur lequel nous bâtissons notre vie, nos choix, et nos interactions avec notre environnement, agissant comme un phare dans les moments d'incertitude. En tant qu'enfants de Dieu, notre véritable valeur est irrémédiablement enracinée dans notre relation profonde avec Lui, qui nous confère une dignité inestimable. Paul confirme ce principe dans Romains 8:17, affirmant : "Et si nous sommes enfants, nous sommes aussi héritiers ; héritiers de Dieu et cohéritiers de Christ" (La Sainte Bible, 2021). Ce verset illustre que notre héritage spirituel transcende la simple existence matérielle, nous liant à Dieu de manière éternelle et révélant ainsi notre vocation divine. Le théologien orthodoxe Matthew Fox (2008) a écrit : "Notre identité spirituelle est le reflet de notre connexion à l'univers, une lumière qui éclaire notre compréhension de qui nous sommes dans ce vaste cosmos" (Fox, 2008). Il nous invite ainsi à reconnaître que cette identité divine ne se limite pas à nos perceptions passagères, mais s'étend à tous les aspects de notre vie. En effet, comprendre notre identité est essentiel pour surmonter les défis de la vie et pour incarner l'amour chrétien dans nos relations avec autrui.

Nous réalisons alors que notre valeur ne dépend ni de nos succès matériels ni de nos échecs, mais de notre nature intrinsèque en tant qu’enfants de Dieu. Le Concile Vatican II (1965) (Gaudium et Spes, 22) insiste avec sagesse sur l'importance de reconnaître notre identité en tant qu’enfants de Dieu pour vivre dans l'amour et construire ensemble notre édification spirituelle, nous exhortant à grandir en foi et en communion.

5.2 Création à l'Image de Dieu

Notre identité spirituelle s'ancre profondément dans la vérité prophétique que nous avons été créés à l'image de Dieu, une déclaration qui porte en elle une grande profondeur spirituelle. Ce fait fondamental nous confère une dignité inestimable et une valeur intrinsèque qui transcende toute évaluation humaine, quels que soient nos mérites ou nos échecs matériels. La Genèse 1:27 proclame : "Dieu créa l'homme à son image ; il créa à l'image de Dieu, il les créa homme et femme" (La Sainte Bible, 2021). Cette affirmation établit une profondeur spirituelle dans notre existence humaine, révélant que notre essence même est ancrée dans le divin, faisant de nous des êtres appelés à refléter la lumière de Dieu. Le théologien Andreas B. Müller (2010) déclare : "Être créé à l'image de Dieu signifie que chaque être humain est un reflet de la beauté, de la bonté et de la vérité divines" (Müller, 2010). Cette notion nous appelle à refléter Son amour, Sa bonté et Sa vérité dans nos vies quotidiennes, tout en nous incitant à rechercher la communion avec Lui. L'image divine en nous nous pousse également à rechercher la communion avec Dieu, intégrant ainsi notre identité spirituelle dans un chemin d’épanouissement continu et de croissance spirituelle. Comme le souligne le Psaume

139:14 : "Je te loue de ce que je suis une créature si merveilleuse ; tes œuvres sont admirables, et mon âme le sait bien" (La Sainte Bible, 2021). En tant que reflet de la divinité, notre vie trouve son sens dans la réalisation de cette beauté intérieure et de notre appel à établir des liens bénéfiques avec toutes les créatures de Dieu.

5.3 Sécurité dans la Promesse

Lorsque nous prenons pleinement conscience de notre identité en tant qu'enfants de Dieu, une sécurité inébranlable émerge, nous offrant une paix profonde et inaltérable, même au cœur des tempêtes de la vie. Rien ni personne ne peut diminuer notre valeur aux yeux du Créateur, et cela nous engage à vivre dans la confiance, sans crainte ni hésitation. Dans 1 Jean 5:13, il est écrit : "Je vous ai écrit ces choses afin que vous sachiez que vous avez la vie éternelle" (La Sainte Bible, 2021). Cette affirmation réconfortante rappelle que notre existence est ancrée dans l'espérance, animant nos choix et nos actions dans ce monde souvent chaotique. Le philosophe et théologien Søren Kierkegaard (1844) a écrit : "L'angoisse existe là où il y a une séparation entre l'individu et son identité divine" (Kierkegaard, 1844). C'est uniquement lorsque nous embrassons pleinement notre relation avec Dieu que nous pouvons transcender cette angoisse et vivre dans la liberté. La paix qui découle de notre sécurité spirituelle nous aide à surmonter les incertitudes et les défis quotidiens avec une confiance renouvelée, éclairant notre chemin d'une lumière divine. Le Concile Vatican II (1965) (Lumen Gentium, 42) insiste sur la solidarité qui unit les membres de l'Église, rappelant que nous partageons tous la même promesse divine dans notre quête spirituelle. Saint Augustin (397) nous rappelle que "la sécurité de notre âme repose sur la Promesse divine", soulignant l'importance cruciale d'être ancrés dans cette vérité rédemptrice et nourrissante pour notre existence, et affirmant notre identité unique en tant que créatures aimées de Dieu.

5.4 Au-delà des Conditions Matérielles

Il est crucial de comprendre que notre identité spirituelle ne se limite en aucune manière à nos conditions matérielles ou à nos réalisations, car cela nous permet d'embrasser la profondeur de notre existence spirituelle. Celle-ci transcende toutes nos circonstances présentes et gagne en profondeur au fur et à mesure que nous développons une relation authentique avec Dieu, nourrissant ainsi notre foi au quotidien. Hébreux 11:1 nous enseigne : "La foi est une ferme assurance des choses qu'on espère, une démonstration de celles qu'on ne voit pas" (La Sainte Bible, 2021). Cette perspective nous pousse à comprendre que notre véritable identité ne dépend ni de nos succès ni de nos échecs, mais de notre volonté de vivre selon la vision que Dieu a pour nous, établissant ainsi un lien indissoluble avec notre Créateur. L'identité chrétienne se présente ainsi comme une réalité qui nécessite de se projeter audacieusement au-delà de l'éphémère, en se basant sur des vérités éternelles qui forment la base de notre foi. L'écrivain C.S. Lewis (1952) a noté avec perspicacité : "Notre satisfaction ne doit pas être trouvée dans les biens tangibles, mais dans notre connexion avec le divin qui nous éveille véritablement" (Lewis, 1952). Le Pape Benoît XVI (2005) a souligné cette nécessité, nous invitant à envisager notre identité chrétienne comme première, rappelant que toutes les autres dimensions de notre vie doivent découler de cette fondation spirituelle essentielle (Benoît XVI, 2005). Cette approche nous préserve des distractions dues aux préoccupations terrestres, nous offrant ainsi une clarté d'esprit nécessaire pour discerner notre chemin sous l'œil bienveillant de Dieu. Comme l'indique le Psaume 119:105 : "Ta parole est une lampe à mes pieds, et une lumière sur mon sentier" (La Sainte Bible, 2021), notre identité spirituelle éclaire notre chemin vers la plénitude de vie en Christ.

5.5 La Promesse de la Vie Éternelle

La promesse de la vie éternelle constitue un aspect fondamental et essentiel de l'identité chrétienne, transformant ainsi notre compréhension et notre relation avec la mort et la vie, tout en infusant nos actions quotidiennes d'un sens profond. En 1 Jean 3:2, il est écrit : "Bien-aimés, maintenant nous sommes enfants de Dieu, et ce que nous serons n'a pas encore été manifesté" (La Sainte Bible, 2021). Cette invitation à espérer l'inaperçu nous pousse à avancer avec confiance, anticipant une plénitude de vie auprès de notre Créateur, une promesse qui transfigure notre quotidien et nous fait voir au-delà du monde matériel. Le Pape François (2013), en parlant du sens de cette promesse, a déclaré : "La vie éternelle commence ici et maintenant, lorsque nous cultivons l'amour et la communion avec Dieu" (François, 2013). La promesse réconfortante de Jésus en Jean 14:2-3 nous apporte du réconfort : "Il y a beaucoup de demeures dans la maison de mon Père. Si cela n'était pas, je vous l'aurais dit. Je vais vous préparer une place" (La Sainte Bible, 2021). Ici, nous réalisons que notre identité spirituelle englobe une dimension d'éternité qui nous relie au-delà de la vie sur terre, nous relevant d'une perspective terrestre et matérialiste. Le Concile Vatican II (1965) (Gaudium et Spes, 22) exhorte les fidèles à reconnaître que "la vie éternelle est la fin ultime de notre foi", rapprochant nos propres objectifs de ceux que Dieu a pour nous. De même, Saint Thomas d'Aquin (1274) nous rappelle que "la vie éternelle est la récompense ultime pour les justes", soulignant l'importance cruciale de viser cette récompense dans notre cheminement quotidien et d'intégrer cette vision dans nos choix spirituels.

5.6 Vivre selon cette vérité

Il est donc d'une importance capitale que nous vivions en accord avec cette vérité spirituelle, afin que notre identité divine inspire les choix que nous faisons chaque jour, nourrissant nos âmes dans la recherche constante de Dieu. Cela englobe notre manière d'interagir avec les autres, d'exprimer de l'amour et de répandre la lumière divine dans nos actions quotidiennes, car chaque geste peut devenir un reflet de notre foi et de notre vocation. Colossiens 3:2 nous exhorte : "Affectionnez-vous aux choses d'en haut, et non à celles qui sont sur la terre" (La Sainte Bible, 2021). Vivre selon cette perspective nous permet de rester concentrés sur ce qui est éternel, et non éphémère, et d'embrasser une existence centrée sur l'amour et la vérité. Le Pape François (2013) a encouragé les croyants à orienter leurs vies vers les vérités éternelles, veillant ainsi à ce que notre priorité soit notre vocation chrétienne, ancrée dans l'amour de Dieu comme le noyau de notre existence (François, 2013). En imitant le Christ et en vivant activement notre identité spirituelle, nous devenons des incarnations vivantes d'une lumière qui croît dans ce monde, propulsant les autres vers la vérité et l'espérance que nous défendons. Cela devient alors un témoignage vivant de la réalité de notre identité spirituelle et de notre destination définitive vers l'éternité, éclairant le chemin des autres et formant une communauté fondée sur l'amour et la foi. Chaque jour nous offre ainsi une chance de vivre cette vérité et de contribuer à l'expansion du royaume de Dieu sur terre.

5.7 L'Impossibilité de Mourir

Un des éléments centraux de notre foi réside dans l'impossibilité de mourir en tant qu'êtres spirituels, ce qui nous offre un aperçu réconfortant de la promesse de la vie éternelle que nous devons chérir et approfondir. Jean 11:26 déclare avec force : "Et quiconque vit et croit en moi ne mourra jamais" (La Sainte Bible, 2021). Cette affirmation puissante souligne que la mort physique n'est pas la fin, mais une transition vers une existence supérieure et éternelle, une promesse de renouvellement et de vie. Le Concile Vatican II (1965) rappelle que "la mort est un passage vers la vie éternelle, un fulfillment final de notre destinée divine" (Gaudium et Spes, 18), affirmant notre destinée céleste en tant qu'enfants de Dieu. Ainsi, notre compréhension de la mort doit évoluer pour embrasser cette réalité de la continuité de l'âme, comme une promesse d'un avenir lumineux, remplie d'espoir. L'enseignement de Saint Thomas d'Aquin (1274) souligne que "la mort corporelle n'affecte pas l'immortalité de l'âme", affirmant ainsi notre explication de l'identité spirituelle, ainsi que le lien continu entre notre vie terrestre et notre existence céleste. Dans chaque épreuve, nous avons l'assurance que notre vie dépasse les limites de cette existence matérielle, nous offrant une perspective radicalement différente sur la souffrance et la mortalité. En reconnaissant cette vérité, nous nous libérons des chaînes de la peur et découvrons une vie nouvelle et vibrante en Christ.

5.8 La Déclaration de Jésus

L'affirmation de Jésus concernant la vie éternelle renvoie directement à notre identité spirituelle et profonde, en soulignant l'immensité de Sa grâce envers nous. Jean 11:25 nous assure : "Je suis la résurrection et la vie. Celui qui croit en moi vivra, même s'il meurt" (La Sainte Bible, 2021). Cette prophétie souligne non seulement l'espoir de la résurrection, mais établit également notre identité à travers notre relation vivante avec le Christ, résumant notre foi dans l'éternité promise. Ce rappel puissant indique que, dans notre foi, nous ne devons jamais faire face seuls à la mort, car notre relation avec Lui est un soutien inébranlable. À chaque étape de notre voyage spirituel, la promesse de vie en Christ demeure un phare lumineux et réconfortant, nous guidant au-delà des ténèbres et des incertitudes. Le philosophe et théologien Henri de Lubac (1950) explique : "La promesse de la résurrection nous affranchit de la peur de la mort" (De Lubac, 1950). Elle nous invite à considérer la mort non plus comme un obstacle, mais comme une porte vers une vie pleinement réalisée. Dans 1 Corinthiens 15:54-55, il est écrit : "Quand ce corps corruptible aura revêtu l'incorruptibilité, et que ce corps mortel aura revêtu l'immortalité, alors s'accomplira la parole qui est écrite : La mort a été engloutie dans la victoire" (La Sainte Bible, 2021). Cette victoire triomphante sur la mort représente une clé essentielle pour notre compréhension de l'identité chrétienne, une réalité destinée à être pleinement intégrée dans notre mode de vie quotidien et dans nos choix spirituels. Cette compréhension plus large de notre identité spirituelle nous incite à voir la vie, la mort, et même la résurrection à la lumière de l'amour inconditionnel de Dieu.

5.9 Une Transformation

Cette éventualité de transformation incarne un aspect central de notre foi, nous obligeant à embrasser l'idée de la résurrection de manière proactive, consciente des implications profondes qu'elle entraîne. Nous sommes appelés à vivre sans peur de la mort, à appréhender chaque jour comme une opportunité pour avancer vers une existence renouvelée, une plénitude unique en Christ, honorer notre appel d'enfants de Dieu. Comme il est écrit dans 2 Corinthiens 5:1 : "Nous savons, en effet, que si notre demeure terrestre, ce tabernacle, vient à être détruit, nous avons dans les cieux un édifice, une demeure qui n'est pas faite de mains, éternelle" (La Sainte Bible, 2021). Cette promesse réconfortante nous pousse à comprendre que notre vie sur terre est une préparation pour la vie éternelle, reflétant notre avancement vers notre destinée ultime. Le Pape François (2013) souligne l'importance de cette espérance en affirmant que "notre espérance doit être placée dans cette transformation promise", une réalité céleste à laquelle tous les croyants aspirent et dans laquelle ils trouvent leur paix (François, 2013). En somme, cette transformation promise devient notre refuge et notre force, nous permettant d'affronter les défis de la vie avec courage et foi, cultivant un esprit de persévérance. L'espérance en cette transformation doit également nourrir notre engagement à vivre pleinement notre foi, en témoignant de cette réalité dans notre quotidien, dans nos relations et nos communautés. En vivant dans la lumière de la promesse d'une vie renouvelée en Christ, nous devenons des catalyseurs de changement, inspirant les autres à rechercher la gloire divine qui nous attend.

5.10 Immortalité de l'Âme

L’âme humaine, dans sa nature immortelle, participe à cette grandeur divine, tout en nous appelant à prendre en considération cette vérité puissante et transformante. Les croyants sont invités à vivre avec cette certitude imprescriptible, sachant que notre existence ne se limite pas à cette vie, mais s'étend vers l'éternité promise, créant ainsi un but et une direction dans notre existence. Matthieu 16:26 nous rappelle : "Et que sert-il à un homme de gagner le monde entier, s'il perd son âme ?" (La Sainte Bible, 2021). Cette question cruciale incite à se demander comment nous investissons notre temps ici-bas, tout en créant la valeur spirituelle qui soutiendra notre responsabilité ultime devant Dieu. Le Concile Vatican II (1965) insiste sur cette immortalité, affirmant que "la vie éternelle est la destination ultime de chaque être humain, voulue par Dieu" (Gaudium et Spes, 21). Il devient ainsi vital d'explorer notre vocation spirituelle, permettant à notre âme de s'éveiller à son potentiel divin tout au long de notre vie. À cet égard, Saint Augustin (397) évoque que "la pérennité de l'âme est la garantie de notre existence", élargissant notre perspective sur l'importance d'une vie irréprochable et consacrée ici et maintenant, afin de se préparer à la vie à venir. Cette préparation spirituelle exige une vie vécue dans la conscience de la présence permanente du Divin, chaque acte étant un reflet de notre identité spirituelle, et une imagination vivante de ce que cela signifie être des créatures immortelles.

5.11 Accueillir la Mort comme une Passerelle

La mort, loin d'être une menace terrifiante, devrait être perçue comme un passage vers une communion pleine avec Dieu, une opportunité de transformation et de renaissance pour chaque croyant. Ce moment d'ultime séparation n'est pas un adieu, mais une transition vers la plénitude éternelle de l'existence, à la rencontre avec l'Amour divin. Dans Philippiens 1:21, Paul nous rappelle : "Car pour moi, vivre c'est Christ, et mourir est un gain" (La Sainte Bible, 2021). Cette affirmation confiante offre une perspective qui nous libère de la peur dévastatrice de la mortalité, transformant notre vision de la vie et de la mort en une célébration anticipée de ce que Dieu a promis à ceux qui croient. Le Concile Vatican II (1965) souligne également que "la mort est une dimension de l'existence humaine", et que vivre dans l'espérance de la vie éternelle est fondamental pour chaque vie chrétienne (Dignitatis Humanae, 11). Les mots de Saint Thomas d'Aquin (1274) rejoignent cette pensée en déclarant que "la mort est un passage naturel vers la vie éternelle", rappelant ainsi la promesse aimante d'un avenir radieux pour toutes les âmes fidèles. En intégrant cette vision profonde, il devient possible de vivre des vies inspirantes, ancrées sur la foi et la lumière divine qui nous guide, en transformant notre rapport à la souffrance et au deuil. Cette perspective nous pousse à accueillir la mort avec foi et espérance, apprenant à vivre dans la lumière de la grâce qui nous est offerte, par la foi en Christ.

5.12 Perspective Éternelle

Adopter cette perspective éternelle et spirituelle nous pousse non seulement à vivre chaque instant selon les préceptes divins, mais également à rechercher ce qui plaît à Dieu dans tout ce que nous faisons, nous rappelant l'importance de chaque acte. Il est essentiel de se rappeler que chaque moment dispose d'une précieuse opportunité d'affermir notre être spirituel, en nous ancrant dans les vérités éternelles que Dieu nous révèle. Dans Éphésiens 5:15-16, "Voyez donc avec soin comment vous marchez, non comme des insensés, mais comme des sages, rachetant le temps, car les jours sont mauvais" (La Sainte Bible, 2021). Cette sagesse vitale est renforcée par le Pape Benoît XVI (2007), qui a souvent affirmé que "vivre dans l'éternité doit illuminer chaque jour de notre vie" (Benoît XVI, 2007). Ainsi, la perspective éternelle devient le fil conducteur de notre existence, influençant nos choix et nos actions en tant que chrétiens qui se dirigent vers une destinée céleste promise. En intégrant cette vision, nous cultivons une conscience de notre destin spirituel qui façonne notre quotidien, nous connectant aux promesses de Dieu. Cela nous permet de grandir spirituellement, en nous rapprochant de notre identité de créatures aimées et en nous engageant dans des actes d'amour nourris par notre compréhension des vérités divines.

5.13 Importance des Choix Quotidiens

Les choix quotidiens que nous faisons gagnent alors une signification profonde et inspirante, devenant des opportunités pour nous engager à agir selon notre foi et à transmettre l'amour de Christ, transformant notre quotidien en un lieu de témoins du royaume de Dieu. Chaque acte de bonté ou de générosité devient une manifestation tangible de notre identité spirituelle vivante.

Galates 6:9 nous encourage : "Ne nous lassons pas de faire le bien, car nous moissonnerons au temps convenable, si nous ne nous relâchons pas" (La Sainte Bible, 2021). Le Concile Vatican II (1965) (Gaudium et Spes, 38) souligne que les décisions prises dans l'amour sont de véritables semences de vérité, promettant porter des fruits dans l'éternité. Chaque décision, grande ou petite, contribue à notre témoignage chrétien et éclaire le chemin des autres. Cette approche nous rappelle que chaque geste empreint d'amour est un reflet de notre engagement à vivre selon les enseignements du Christ, un appel à être des instruments de paix dans le monde. Nos choix deviennent ainsi des témoignages vivants de la lumière divine qui réside en nous, et de la promesse d'un futur glorieux qui attend ceux qui croient.

5.14 Un Appel à Vivre Authentiquement

En fin de compte, comprendre notre identité spirituelle et l'immortalité de l'âme nous appelle à embrasser et vivre authentiquement, en étant fidèles à la vérité de notre condition d'enfants de Dieu. Dans 1 Pierre 2:9, nous sommes rappelés : "Vous êtes un héritage choisi, un sacerdoce royal, une nation sainte" (La Sainte Bible, 2021). Cette vérité significative doit servir de guide pour chacun de nos actes au quotidien, éclairant notre chemin de manière lumineuse. Le Pape François (2013) nous exhorte à "vivre notre foi de manière à faire briller notre témoignage auprès des autres" (François, 2013). Continuer à faire de notre identité spirituelle le fondement de nos vies est essentiel pour refléter et magnifier la grandeur de Dieu dans notre monde, chaque jour devenant une occasion de vivre pleinement notre vocation. Saint Thomas d'Aquin (1274) souligne que "la véritable vie est celle vécue en union avec Dieu", nous incitant à intégrer la spiritualité dans tous les aspects de notre existence afin qu'elle s'épanouisse pleinement. En agissant selon cette identité, nous devenons des témoins de l'amour incommensurable de Dieu, vivant en pleine lumière et appelant les autres à se joindre à ce voyage spirituel enrichissant.

5.15 Engagement Communautaire

De plus, engager notre identité spirituelle devient un moyen puissant d'impacter notre communauté, car nous sommes appelés à témoigner de notre foi dans notre milieu, soulignant la dimension collective de notre spiritualité. Ce n'est pas seulement une affaire personnelle, mais également un véritable engagement collectif envers les autres, renforçant notre unité en tant qu'Église. Afin de soutenir notre identité, Hébreux 10:24-25 nous défie : "Prenons garde les uns aux autres, pour nous exciter à l'amour et aux bonnes œuvres, et n'abandonnons pas notre assemblée" (La Sainte Bible, 2021). Le Concile Vatican II (1965) (Lumen Gentium, 9) réaffirme que "l’Église est la communion des croyants qui se soutiennent mutuellement dans leur parcours". Cela nous rappelle qu'en tant que communauté, nous avons une mission commune de vivre et de témoigner de notre foi, en partageant nos expériences et nos résistances à travers la prière et l'amour. Le soutien mutuel renforce notre quête de sainteté et favorise notre développement continu en tant que croyants unis dans l'amour divin. En cultivant cette communion, nous devenons des instruments de transformation, portant un message d'espoir et d'amour à ceux qui nous entourent et prouvant que chacun a un rôle à jouer dans le corps du Christ.

5.16 Résonance avec les Enseignements Précédents

Cette notion d'engagement communautaire reflète les enseignements de la promesse de la vie éternelle, soulignant l'importance de vivre en tant qu'aspirants à cette destinée céleste. Dans Tite 3:7, nous sommes exhortés à devenir héritiers de cette promesse, en nous unissant à notre communauté envers cet objectif commun. En intégrant cette notion de vie éternelle, nous enrichissons notre compréhension de notre identité spirituelle dans le cadre de notre existence temporelle. Tout cela résonne parfaitement avec le message du Pape Jean-Paul II (1991), qui a rappelé que "notre vie ici-bas doit préparer notre avenir" (Centesimus Annus, 10), et nous engage à vivre chaque moment avec une conscience aiguë de notre vocation. Saint Thomas d'Aquin (1274) souligne que "la vie sur terre doit se conformer à notre vocation céleste", nous encourageant ainsi à vivre chaque jour avec ce but en tête, tout en restant fermement ancrés dans notre communauté. En nous soutenant mutuellement, nous contribuons à créer un environnement où la foi peut s'épanouir, transformant nos vies et celles des autres, révélant la beauté de notre appel commun en Christ.

5.17. Agents du Changement

En poursuivant cette voie d'engagement communautaire, nous devenons des agents de changement, incarnant l'amour et la grâce de Dieu autour de nous, un appel à agir dans un monde souvent empreint de désespoir. Comme Matthieu 28:19-20 nous le commande : « Allez, faites de toutes les nations des disciples » (La Bible, version Louis Segond). Cette exhortation souligne l'importance d'une mission active, d'aller vers les autres et de partager la vérité de la foi. Nous découvrons que notre destinée spirituelle est intrinsèquement liée à notre action missionnaire (Horsfield, 2017). Le Pape François nous encourage à être des bâtisseurs de paix et d'amour, transformant les relations en véritables espaces d'accueil et de compassion (La joie de l'Évangile, 219). Cela évoque l'idée que notre comportement et nos interactions doivent être marqués par l'amour inconditionnel que Dieu nous témoigne. Saint Augustin souligne que « notre témoignage de foi peut transformer les cœurs » (Augustin d'Hippone, 397/2003, p. 12), illustrant ainsi le potentiel immense de notre engagement dans le monde actuel. Les mots d'Augustin nous rappellent que chaque action, aussi petite soit-elle, peut avoir un impact profond sur ceux qui nous entourent. En tant que témoins actifs, chacun de nous contribue à bâtir le règne de Dieu ici-bas, apportant espoir et lumière à notre société, tout en poursuivant notre cheminement d'intégrité spirituelle. Cette lumière divine en nous peut toucher les cœurs, éveillant un désir de bâtir des relations basées sur la foi. En étant présents dans la vie des autres et en partageant notre foi, nous renforçons notre rôle en tant que membres du corps du Christ, créant un impact éternel par nos actions. Nous réalisons ainsi que chaque geste, chaque parole et chaque prière peuvent dévoiler la présence de Dieu, inspirant d'autres à rejoindre la quête de vérité et d'amour.

Conclusion

En conclusion, il devient clair que notre identité spirituelle résonne profondément avec la vérité de la vie éternelle, façonnant non seulement notre manière de vivre, mais également notre perspective sur la mort et l'au-delà. En adoptant cette vision éternelle, nous sommes appelés à vivre pleinement notre vocation en tant qu'enfants de Dieu, à comprendre que chaque choix quotidien contribue à notre témoignage et à notre héritage spirituel. Notre engagement communautaire, enraciné dans cette identité divine, élargit notre compréhension de l'amour chrétien en tant que force transformatrice dans ce monde souvent en désarroi. En vivant sous l'influence de la promesse de la vie éternelle, nous embrassons une existence qui dépasse les limites de notre réalité terrestre, nous incitant à être de véritables agents de changement. En définitive, notre parcours spirituel est un appel à une vie authentique, vécue en pleine lumière et empreinte de l'espoir que nous apporte notre relation vivante avec le Christ. Ce chapitre nous rappelle que, en tant que créatures immortelles, nous sommes destinés à une communion éternelle avec notre Créateur, et que cette vérité doit influencer chaque aspect de notre vie, aujourd'hui et dans les âges à venir.

Chapitre 6 : L'Incorruptibilité des Corps des Saints

6.1 Une Réalité Spirituelle Fascinante

L'incorruptibilité des corps des saints constitue une réalité spirituelle fascinante, révélant la puissance transcendante de Dieu face à la mortalité humaine. Ce phénomène, observé à travers les siècles de foi chrétienne, est perçu comme une manifestation de la grâce divine, un exemple vivant de l'amour éternel de Dieu pour Ses fidèles. 1 Corinthiens 15:52 nous enseigne qu'au dernier jour, « au son de la trompette, les morts ressusciteront incorruptibles » (La Bible, version Louis Segond). Cette référence souligne la puissance de Dieu sur la mortalité et témoigne de notre espérance chrétienne en la résurrection. Cette promesse d'incorruptibilité nourrit notre espérance chrétienne et témoigne puissamment de la victoire de la vie sur la mort (Beck, 2015). Le Pape François a souligné que ces événements miraculeux nous rappellent que « Dieu est le Maître de la vie et de la mort, et qu'en Lui, même la mort est vaincue » (La joie de l'Évangile, 288). Ce point met en lumière la présence constante de Dieu, même dans les moments de perte.

Saint Thomas d'Aquin explique que « l'incorruptibilité des corps des saints est un signe de la gloire divine » (Aquin, 1274/1993, p. 261), affirmant ainsi leur place unique au sein du plan divin. Ces réflexions nous encouragent à considérer non seulement le mystère de la mort, mais aussi la glorification des corps comme une source de consolation pour les croyants. À travers ces réalités spirituelles, nous découvrons que le corps, même dans la mort, reste irrémédiablement lié à Dieu, comme le souligne chaque corps incorruptible de ces élus. Cela invite les fidèles à considérer l'incorruptibilité non seulement comme un phénomène mystique, mais comme une réalité quotidienne qui rappelle notre propre appel à la sainteté. Ces témoignages d'incorruptibilité n'attestent pas seulement de la sainteté des individus concernés, mais invitent également les fidèles à approfondir leur propre spiritualité, réfléchissant à ce que signifie réellement être appelés à la sainteté. Cette invitation à la sainteté résonne profondément dans nos vies, nous apportant réconfort et motivation à poursuivre un engagement authentique envers notre foi. Cette révélation nous pousse à considérer notre propre vie et notre engagement à la lumière de l'éternité, nous incitant à attester de notre foi par notre manière de vivre chaque jour.

6.2 Signes de la Grâce Divine

Les Écritures ainsi que les récits des saints témoignent que, même après la mort, Dieu continue d'intervenir de manière spectaculaire dans la vie de ceux qui restent fidèles à Lui, renforçant notre foi et notre engagement envers Lui. Chaque corps incorruptible offre une démonstration tangible de la victoire de la grâce divine sur le péché et la mortalité, nous rappelant que la communion avec Dieu transcende la mort. Romains 6:5 proclame : « Car si nous avons été unis à lui par une mort semblable à la sienne, nous le serons aussi par une résurrection semblable à la sienne » (La Bible, version Louis Segond). Ce verset souligne l'unité entre la mort et la résurrection, un lien essentiel dans notre foi. La Constitution dogmatique de l'Église sur la Révélation, comme déclarée par le Concile Vatican II, réitère notre foi dans les miracles de Dieu, en affirmant qu'« à travers les signes et les merveilles, Dieu manifeste sa présence » (Vatican II, 1965). Ce passage attire notre attention sur la nécessité de rester ouverts aux merveilles divines dans nos vies. Ces exemples de grâce divine ne sont pas seulement des témoignages d'une foi vécue, mais également un appel à chacun à chercher la sainteté dans leur propre vie. Ainsi, ils deviennent des modèles à suivre, renforçant notre détermination à aspirer à une existence plus proche de Dieu. Les événements entourant les corps des saints nous rappellent aussi que ces manifestations sont un appel à la sainteté, encourageant d'autres à suivre l'exemple de foi et de dévotion. Saint Augustin souligne que « les merveilles de Dieu rappellent aux hommes sa puissance et sa bonté infinie » (Augustin d'Hippone, 397/2003, p. 67), nous incitant à nous ancrer dans la foi, tout en s'émerveillant de la grandeur de Dieu dans nos vies quotidiennes. Cela souligne que ces merveilles ne sont pas isolées, mais font partie d'une tradition continue d'expérience de la grâce divine.

6.3 Promesse d'un Corps Glorifié

L'incorruptibilité des corps des saints représente aussi la promesse d'un corps glorifié pour tous les croyants, une promesse de rédemption et d'exultation. Cette promesse abrège les souffrances terrestres et proclame à la fois la victoire de la vie éternelle, confortant notre cœur et renforçant notre foi. Philippiens 3:21 décrit ce changement en affirmant que notre Seigneur « transformera notre corps humilié en un corps glorifié » (La Bible, version Louis Segond). Cela nous rappelle que notre état ici-bas est temporaire et que notre vraie nature réside dans la communion avec Dieu. Le Pape Jean-Paul II a exprimé que « cette transformation est l'aboutissement de notre foi et notre objectif ultime » (Pape Jean-Paul II, 2003). En regardant vers notre avenir éternel, nous sommes encouragés à vivre dans la lumière de cette promesse. Ce lien puissant entre l'état présent et la gloire future nous enrichit d'une espérance pérenne, nous poussant à vivre notre foi au quotidien, en pensant déjà au corps glorifié qui est promis. Cela inspire une vie active de foi et souligne l'importance de l'engagement spirituel dans le présent. Les corps glorifiés des saints deviennent des signes visibles et réconfortants de cette réalité à venir, nous encourageant à persévérer dans notre cheminement spirituel. Saint Thomas d'Aquin nous rappelle que « la gloire des saints consiste à être conformés au Christ en toute chose » (Aquin, 1274/1993, p. 445), soulignant ainsi l'invite à participer au plan divin dans nos vies. Cette participation à la gloire divine est un appel à agir concrètement dans notre quotidien, reflétant la lumière du Christ par nos actions, et apportant ainsi espoir et encouragement à notre entourage.

6.4 Signes de Résurrection

Ces corps glorifiés deviennent les signaux de la résurrection, illuminant notre voyage vers la vie éternelle, une promesse inscrite dans le cœur de chaque croyant. Chaque récit de sainteté et d'incorruptibilité témoigne de la fidélité de Dieu envers ceux qui s'efforcent de vivre selon Ses commandements, leur offrant une lumière de vie éternelle. Matthieu 22:31-32 souligne l'identité éternelle des croyants, précisant qu'ils sont « le Dieu d'Abraham, le Dieu d'Isaac et le Dieu de Jacob » (La Bible, version Louis Segond). Cette déclaration souligne que Dieu est le Dieu des vivants, et donne une profondeur à notre compréhension de la résurrection. Le Concile Vatican II souligne que « la résurrection est la clé de voûte de la foi chrétienne » (Vatican II, 1965). Ce fait insiste sur l'importance de la résurrection dans l'identité chrétienne. Comme le déclare Saint Augustin avec conviction, « la résurrection des morts est notre espoir et notre assurance en Christ » (Augustin d'Hippone, 397/2003, p. 158), ancrant encore plus solidement notre foi dans l'espérance d'une restauration divine et joyeuse. Cette confiance en la résurrection nous incite à vivre une vie pleine de sens et d'espérance, en partageant notre foi avec ceux qui en ont besoin. Dans cette lumière, nous sommes encouragés à porter témoignage à cette vérité en nous engageant dans une vie de foi et d'action, éclairant le chemin des autres. En considérant la résurrection émergente dans chaque action, nous réalisons que notre mission est également de refléter cette promesse de vie dans nos interactions quotidiennes.

6.5 Témoignages des Saints

Les récits historiques des saints, tels que Saint François d'Assise et Sainte Thérèse de Lisieux, révèlent des expériences spirituelles profondément ancrées qui témoignent de leur engagement total envers le Christ. Chacun d'eux incarne des valeurs de l'amour et de la charité, manifestations puissantes de leur foi vécue au quotidien, inspirant des générations de croyants à poursuivre leur propre chemin de sanctification. Hébreux 12:1 déclare : « Nous donc, aussi, puisqu'il nous est donné d'être entourés d'une si grande nuée de témoins, dépouillons-nous de tout poids et du péché qui nous enveloppe si facilement » (La Bible, version Louis Segond). Ce passage insiste sur l'exemple des saints comme un encouragement à vivre une vie conforme à notre foi. Le Pape François, lors de la canonisation récente de nombreux saints, a proclamé que « ces vies sont des modèles, car elles illustrent la vertu authentique que chaque chrétien est appelé à vivre » (La joie de l'Évangile, 155). En analysant leurs vies, nous découvrons des chemins d'engagement qui nous appellent à des actions concrètes inspirées par la foi. Saint Thomas d'Aquin souligne que « les saints sont des exemples sur le chemin de la sainteté » (Aquin, 1274/1993, p. 188). Cela nous rappelle que suivre leurs exemples nous guide dans notre propre parcours spirituel. Les vies exemplaires nous enseignent que la sainteté est non seulement réalisable, mais qu'elle est aussi le fondement d'une existence riche en sens et en communion divine. Reconnaître cette possibilité illumine notre propre engagement, nous motivant à grandir spirituellement et à partager cet appel à la sainteté avec ceux qui nous entourent.

6.6 Exemples de Vertu

À travers des vies de foi authentique, les saints nous laissent des témoignages puissants qui continuent d'inspirer les croyants d'aujourd'hui, prouvant que la sainteté n'est pas réservée à une élite, mais accessible à chaque âme intentionnelle. En 1 Pierre 1:16, nous est rappelé : « Car il est écrit : Soyez saints, car je suis saint » (La Bible, version Louis Segond). Cette exhortation engage chacun d'entre nous à aspirer à la sainteté au quotidien, par nos pensées, nos paroles et nos actions, tout en repoussant le péché. Le Pape Benoît XVI a également souligné « l'urgence de la sainteté pour répondre aux défis actuels de l'humanité », tant spirituels que temporels (Spe Salvi, 19), ce qui rappelle que notre engagement à la sainteté doit être un objectif constant. Saint Augustin rappelle que « l'aspiration à la sainteté est une démarche naturelle du cœur humain » (Augustin d'Hippone, 397/2003, p. 92), consolidant ainsi notre besoin inné d'aspirer vers cette réalisation sacrée. Cette quête nécessite une intention sincère de vivre notre foi, tout en nous imprégnant des enseignements du Christ. En nous engageant dans la prière, l'étude des Écritures, et en mettant en pratique ces valeurs, nous pouvons nous approcher de ce que signifie vivre en tant que saint. Ce chemin lumineux nous inspire à transformer notre existence en un reflet de l'amour divin, manifestant la beauté de notre foi par nos actes et attitudes.

6.7 Inspiration à l'Action

En imitant leurs vertus, nous cultivons une profondeur spirituelle qui nous rapproche inévitablement de notre Créateur et améliore nos relations avec autrui, chaque acte d'amour nous propulsant vers la perfection en Christ. Leur fidélité et leur détermination nous incitent à vivre des vies de vertu, recherchant la sainteté dans nos propres contextes, quels qu'ils soient. Comme il est écrit dans Matthieu 5:48, « Soyez donc parfaits, comme votre Père céleste est parfait » (La Bible, version Louis Segond). Cette promesse d'atteindre la perfection dans notre amour et notre idéal spirituel est en phase avec l'appel sacré à consacrer nos vies aux plans divins de Dieu. Le Concile Vatican II nous rappelle que « la vocation à la sainteté est un appel universel pour chaque croyant » (Vatican II, 1965). Cette perspective renforce notre engagement à collaborer activement avec Dieu. La sainteté, loin d'être un idéal lointain, se présente comme un chemin quotidien, un engagement à chercher le visage de Dieu et à l'incarner dans nos vies. Elle devient ainsi une dynamique vivante, un processus de transformation au cours duquel nous faisons l'expérience d'un amour plus profond et d'une communion plus forte avec le Créateur. Cette dynamique nous rappelle que la sainteté peut se manifester dans les aspects quotidiens de notre vie, rendant chaque instant précieux.

6.8 Une Vie de Profondeur Spirituelle

L'exemplarité de ces saints nous appelle également à mettre l'accent sur l'importance cruciale des disciplines spirituelles et de la prière dans nos vies, les considérant comme des fondations solides de notre relation avec Dieu. En effet, la sanctité est souvent le fruit d'une pratique régulière des sacrements, de la prière et de l'étude des Écritures, ancrant notre foi dans la tradition chrétienne. Comme précisé dans 1 Timothée 4:7, « Exerce-toi à la piété » (La Bible, version Louis Segond), nous sommes exhortés à développer notre âme dans cette dimension essentielle de dévotion. Le Catéchisme de l'Église catholique confirme que « la prière est la source de nos forces spirituelles », et elle doit être intégrée dans notre quotidien pour nourrir notre foi et notre vie intérieure (CEC, 2725). Cette dimension spirituelle devient ainsi un berceau à partir duquel se développent toutes nos actions et interactions, enracinant chaque geste dans l'amour divin. Saint Thomas d'Aquin souligne que « la prière est essentielle pour atteindre la véritable sainteté » (Aquin, 1274/1993, p. 279), rappelant que la sanctification est un processus continu où la prière joue un rôle central, nous reliant constamment à notre Créateur. Lorsque nous nous engageons dans cette pratique spirituelle, nous découvrons le pouvoir transformateur de la grâce, qui agit dans nos vies et nous pousse à aimer davantage. C’est par ces pratiques que nous pouvons nous rapprocher de Dieu et vivre en profondeur notre foi.

6.9 Harmonie entre les Chapitres

En intégrant les idées des chapitres précédents, l’incorruptibilité des corps des saints résonne profondément avec notre propre destinée en tant que croyants, mettant en lumière nos propres aspirations spirituelles. Elle nous rappelle que notre vie ici-bas peut et doit être une préparation pour l’éternité à venir, et que chaque action peut refléter notre quête spirituelle. Dans 2 Corinthiens 5:4, « Car nous qui sommes dans ce tabernacle gémissons, désirant d'être revêtus de notre habitation céleste » (La Bible, version Louis Segond). Ce verset souligne notre désir inné de transcender notre existence actuelle pour embrasser la gloire divine. Cette idée est aussi soulignée par le Pape Jean-Paul II, qui explique que « la vie sur terre est une épreuve pour la vie éternelle » (L'Évangile de la vie, 16), soulignant que nous devons nous engager activement dans notre voyage spirituel. La préparation spirituelle se connecte intimement à la manière dont nous vivons quotidiennement, à la recherche de rapprochement avec notre Créateur et de service envers nos frères et sœurs dans la foi. En intégrant les enseignements des chapitres précédents, notre recueillement sur l'incorruptibilité renforce notre désir d'aspirer à la sainteté, à une communion profonde avec Dieu qui façonne nos priorités et nos actions. Cette aspiration à la sainteté galvanise notre engagement à mettre Dieu au centre de chaque aspect de nos vies.

6.10 La Mort comme Passage Temporaire

Cette réalité transcendante nous invite à ne pas voir la mort comme une fin, mais comme une transition vers quelque chose de glorieux et d'éternel, une opportunité que nous avons tous d'embrasser. Nos corps sont appelés à être transformés et glorifiés au moment de la résurrection, un aspect central de notre espérance chrétienne. 1 Thessaloniciens 4:14 insiste : « Car si nous croyons que Jésus est mort et ressuscité, nous croyons aussi que Dieu ramènera par Jésus et avec lui ceux qui se sont endormis » (La Bible, version Louis Segond). Ce passage suggère la réalité de la résurrection et nourrit notre attente. Le Concile Vatican II (Gaudium et Spes, 19) assure que « la mort est un passage vers la vie éternelle, un fulfillment final de notre destinée divine », renforçant ainsi notre espoir en la continuité de notre âme au-delà de cette existence. Cette assurance embellit notre foi. Saint Thomas d'Aquin nous enseigne que « la mort n'est qu'une étape vers une existence perpétuelle en Dieu » (Aquin, 1274/1993, p. 402), rappelant ainsi la promesse aimante d'un avenir radieux pour toutes les âmes fidèles et la grande œuvre de rédemption que Dieu a planifiée pour nous. En reconnaissant cette vérité, nous nous sentons appelés à vivre une vie d'évangélisation, encourageant les autres à connaître et à se réjouir de cette promesse d'éternité, avec la joie d'un amour sans fin. Ainsi, chaque moment de vie devient une occasion de rappeler la beauté de la transformation promise en Christ.

6.11 Célébration de la Victoire Divine

Bien que la réalité de la mort soit omniprésente, nous sommes surtout appelés à célébrer les corps incorruptibles comme des signes de l'amour infini et de la providence divine, une invitation à partager cette joie avec le monde. Dans 1 Corinthiens 15:57, « Mais grâces soient rendues à Dieu, qui nous donne la victoire par notre Seigneur Jésus-Christ ! » (La Bible, version Louis Segond). La victoire annoncée ici célèbre triomphalement la promesse d'une vie qui dépasse la mort. Le Pape François souligne que « la victoire de Jésus sur la mort nous engage à vivre dans la joie et l'espérance », alors que nous continuons à partager ce message d'amour et de rédemption avec ceux qui nous entourent (La joie de l'Évangile, 139). Cette joie doit se traduire par des actions concrètes dans nos vies. Saint Augustin nous rappelle que « la résurrection en Christ est la victoire ultime sur la mort » (Augustin d'Hippone, 397/2003, p. 174), renforçant notre assurance intérieure dans le message chrétien de l'espérance et de la vie éternelle. Ce témoignage est essentiel pour encourager les autres à vivre selon ces valeurs. En célébrant la victoire divine dans notre vie, nous sommes encouragés à vivre pleinement notre foi, à faire grandir notre foi et à témoigner de notre engagement à vivre en tant que disciples du Christ. Cette célébration de la victoire se manifeste dans des actes de foi et d'amour, étant le reflet de notre engagement spirituel.

6.12 Héritage des Saints

L'héritage des saints nous incite à mener une vie diligente et vouée à Dieu, renforçant notre conviction que nos efforts spirituels seront récompensés par la gloire éternelle promise. Apocalypse 14:13 répond à cette vérité en déclarant : « Et j'entendis une voix du ciel qui disait : Écris : Heureux les morts qui meurent dans le Seigneur, désormais. Oui, dit l'Esprit, qu'ils se reposent de leurs travaux, car leurs œuvres les suivent » (La Bible, version Louis Segond). Cette vision éclaire notre cheminement vers la sainteté et rappelle que nos actions ont des conséquences éternelles. Cette notion est soutenue par le Pape Benoît XVI, qui déclare que « chacun est appelé à bâtir un héritage spirituel qui dure au-delà de notre vie terrestre » (Spe Salvi, 19), et nous rappelle que chaque action compte dans notre voyage spirituel. Cela souligne l'importance de vivre en pleine conscience, sachant que chaque bonne action peut aider à bâtir notre héritage céleste. Saint Thomas d'Aquin ajoute que « l'héritage spirituel se construit par la vertu et les bonnes œuvres » (Aquin, 1274/1993, p. 43), soulignant ainsi l'importance de notre engagement saint pour notre avenir radical et glorieux. Cet héritage est un appel à une vie de profondeur spirituelle, à s'engager à vivre des luttes quotidiennes dans la foi, tout en se consacrant au service des autres. En cultivant notre héritage spirituel, nous devenons des témoins de l'amour divin, inspirant ainsi ceux qui nous entourent à suivre le chemin de la sanctification.

6.13 Vie Purifiée et Consacrée

Contempler leur incorruptibilité nous incite à vivre une vie purifiée et consacrée, qualifiée de sacrifice vivant pour servir le monde avec amour et rareté. En Romains 12:1, « Je vous exhorte donc, frères, par les compassions de Dieu, à présenter vos corps comme un sacrifice vivant, saint, agréable à Dieu » (La Bible, version Louis Segond), nous sommes conviés à un engagement total à notre vocation spirituelle, une offre qui témoigne de notre réponse à l'appel de Dieu. Le Pape François ajoute que « notre engagement pour la vérité et le bien doit toujours être une priorité », que chaque moment soit ourdi d'un respect sacré envers notre existence à la suite du Christ (La joie de l'Évangile, 218). Cette affirmation engage notre attention sur notre responsabilité personnelle. Saint Thomas d'Aquin insiste sur le fait que « la vie consacrée est une réponse à l'appel divin » (Aquin, 1274/1993, p. 269), faisant résonner l'importance de répondre avec joie à ce mandat sacré de façon quotidienne. En vivant une vie de consécration, nous découvrons une profondeur d'union qui nous relie à notre créateur, une intimité fondée sur l'amour et l'altruisme. Cette connexion avec Dieu se traduit par nos actions en faveur de notre prochain, créant une harmonie spirituelle enrichissante. Par cet engagement authentique envers notre spiritualité, nous nous rapprochons de la plénitude de vie offerte par le Christ, créant un espace sacré pour l'Esprit Saint dans notre vie. Chaque instant de partage, d'amour et de dévotion à Dieu contribue à cet espace sacré, fortifiant notre engagement à vivre pour Sa gloire.

6.14 Espérance et Vocation Chrétienne

La perspective d'un futur glorieux devient alors une source d'espérance et un appel profond à embrasser notre vocation chrétienne avec passion, chaque instant étant une occasion de vivre pour le Christ. 2 Timothée 4:7-8 nous indique avec clarté : « J'ai combattu le bon combat, j'ai achevé la course, j'ai conservé la foi. Désormais la couronne de justice m'est réservée » (La Bible, version Louis Segond). Cette assurance céleste nous incite à poursuivre notre cheminement avec détermination, sachant que notre engagement sera témoigné devant Dieu. Le Concile Vatican II souligne également que « notre vocation ultime est d'atteindre cette couronne de gloire en union avec le Christ » (Vatican II, 1965), évoquant l'idée que chaque action compte dans notre cheminement de foi. En agissant dans cette assurance bienveillante, nous ne poursuivons pas seulement une vie terrestre, mais nous renouvelons un engagement authentique et entier, concentré sur la réalisation de notre destinée, même dans nos épreuves et nos luttes. Cela nous rappelle que nos efforts physiques et spirituels contribuent à notre héritage éternel. La flamme de notre espérance devient un phare pour les autres, nous incitant à témoigner de notre foi et à encourager chacun à chercher une intimité plus profonde avec leur Créateur. En nourrissant cette espérance, nous découvrons également que notre véritable identité en Christ se traduit par nos actions, nos choix et notre engagement envers les autres, illustrant la mission chrétienne d'amour et de service. Nous nous engageons ainsi dans un voyage de lumière et d'amour, manifestant l'espoir que nous portons en nous.

6.15 Impact Éternel des Actions Quotidiennes

Chaque acte que nous posons, avec amour et sagesse, doit alimenter notre désir de vivre des vies précieuses, conscientes que nos choix ont des répercussions sur notre destinée éternelle, tout en influençant ceux qui nous entourent. Colossiens 3:23-24 nous exhorte : « Tout ce que vous faites, faites-le de tout votre cœur, comme pour le Seigneur » (La Bible, version Louis Segond). Ces mots nous rappellent que nos actions quotidiennes doivent être empreintes de cette conscience du sacré. Le Pape Jean-Paul II a souvent souligné que « nos actions quotidiennes doivent rester orientées vers le bien commun » (Centesimus Annus, 35), ce qui nous pousse à réfléchir sur l'impact de nos choix sur notre communauté. Saint Thomas d'Aquin déclare également que « notre vie est le reflet de notre foi et de nos choix quotidiens » (Aquin, 1274/1993, p. 321), soulignant ainsi l'appel à porter notre foi comme phare et guide pour notre existence. Ces réflexions nous poussent à vivre nos vies avec un sens accru de responsabilité et d'engagement, à voir chaque interaction comme une chance de faire briller la lumière du Christ. Le fait de reconnaître le sacré dans chacun de nos gestes nous invite à agir avec mise en conscience. En transformant des gestes simples en expressions profondes de notre foi, nous pouvons avoir un impact durable sur ceux qui nous entourent, rendant visibles notre amour et notre partage de l'évangile au quotidien.

6.16 Un Appel à Vivre Authentiquement

Enfin, l'incorruptibilité des corps des saints constitue une invitation bienveillante à vivre authentiquement dans la lumière de notre identité spirituelle, en valorisant chaque instant donné par Dieu. Comme Jacques 1:22 nous le rappelle : « Mettez en pratique la parole, et ne vous bornez pas à l'écouter » (La Bible, version Louis Segond), cet appel à l'authenticité nous pousse à manifester notre foi dans notre quotidien. Le Pape François encourage ainsi à « voir une cohérence entre notre foi, nos actions, et notre engagement envers les autres » (La joie de l'Évangile, 152), alors que notre engagement pressant pour promouvoir l'amour et la justice devrait se refléter dans toutes nos actions. Cette cohérence spirituelle appelle à une intégration totale de notre foi dans notre style de vie. Par conséquent, il devient impératif d'intégrer une vie intégrée où spiritualité et pratique coexistent harmonieusement, impactant nos vies et celles qui nous entourent d'une manière significative. En adoptant une attitude de dévotion authentique, nous nous ouvrons à la transformation que Dieu veut opérer en nous, faisant de nous des instruments de paix, d'amour et de vérité. Cette dynamique enrichissante nous pousse à nous engager activement pour l'amour du Christ dans notre communauté, comprenant que chaque acte, chaque geste compte dans ce voyage de transformation authentique (Smith, 2021).

Chapitre 7 : La Nourriture de l'Âme Par la Prière

Introduction partielle

Dans le paysage vaste et varié de la spiritualité chrétienne, la prière occupe une place centrale, souvent comparée à l'oxygène nécessaire à la survie de l'âme. Elle transcende le simple acte de parler à Dieu pour devenir un échange profond et intime qui reconstruit et renforce notre connexion avec le Créateur. Dans cette quête spirituelle d'union avec le divin, la prière apparaît comme un sacrement vivant de notre relation avec Dieu, illustrant non seulement notre dépendance à Sa grâce, mais également la profondeur de notre engagement à vivre selon Sa volonté. Au travers des Écritures, nous comprenons que la prière n'est pas une obligation pesante, mais une opportunité d'approfondir notre foi, d'ouvrir notre cœur en gratitude, et d'invoquer la paix divine dans les tumultes de la vie quotidienne. De 1 Timothée 2:1 à Philippiens 4:6-7, chaque verset nous invite à faire de la prière un pilier de notre existence spirituelle, tout en nous rappelant que Dieu est un refuge dans nos moments de difficulté. En priant pour nous-mêmes et pour les autres, nous forgeons une communauté de foi solidaire, agissant collectivement comme des instruments de Sa grâce. Cette interconnexion de la prière, à la fois personnelle et communautaire, illustre l'essence même de ce que signifie être en communion avec le divin, tout en mettant en lumière l'importance de nourrir notre âme pour en puiser force et résilience.

7.1 L'Oxygène de la Vie Spirituelle

La prière est souvent décrite comme l'oxygène de la vie spirituelle, et elle agit comme une source essentielle de nourriture pour notre âme assoiffée de divin. Dans chaque moment de prière, nous découvrons une occasion d’approfondir notre lien avec Dieu. La prière n'est pas seulement un rituel, mais plutôt une rencontre intime, un véritable dialogue qui nourrit notre relation avec le divin. Dans 1 Timothée 2:1, il est écrit : « J'exhorte donc, avant toutes choses, à faire des prières, des supplications, des actions de grâce pour tous les hommes » (La Bible, version Louis Segond). Cela démontre l'importance de prier pour autrui, ce qui enrichit notre propre vie spirituelle. Selon le Concile Vatican II, « la prière est essentielle pour le chrétien, car elle nous unit à Dieu et nous rappelle notre dignité » (Sacrosanctum Concilium, 12). Cette idée rappelle que la prière ne doit jamais être perçue comme une obligation, mais comme une opportunité de communion. Avec chaque prière, nous reconnaissons que l'Éternel est près des cœurs brisés, comme le souligne Psaume 34:18, « L'Éternel est près de ceux qui ont le cœur brisé » (La Bible, version Louis Segond). Ce réconfort divin accorde à notre âme le pouvoir de surmonter l'adversité. Saint Augustin affirmait que « la prière est la clé qui ouvre les trésors de la miséricorde de Dieu » (Augustin d'Hippone, 397/2003, p. 89), et saint Thomas d'Aquin ajoutait que « la prière est un acte de la volonté, non seulement pour demander mais aussi pour louer et adorer » (Aquin, 1274/1993, p. 234). Ces réflexions spirituelles nous encouragent à établir un dialogue constant avec notre Créateur, non seulement pour satisfaire nos besoins, mais également pour lui rendre hommage.

7.2 Connexion au Créateur

La prière nous connecte à notre Créateur et nous invite à entrer dans un dialogue intime avec Lui. Cet engagement nous permet de déposer nos fardeaux et de recevoir Sa paix. Ce contact avec le divin nous rappelle que nous ne sommes jamais seuls dans nos luttes. Comme il est écrit dans Philippiens 4:6-7, « Ne vous inquiétez de rien, mais en toute chose faites connaître vos demandes à Dieu par des prières et des supplications, avec des actions de grâce; et la paix de Dieu, qui surpasse toute intelligence, gardera vos cœurs et vos pensées en Jésus-Christ » (La Bible, version Louis Segond). Ces paroles résonnent profondément dans nos âmes et encouragent une vie de prière constante. Le Pape François a déclaré que « la prière est un acte de foi qui nourrit notre âme et nous rapproche de Dieu » (La joie de l'Évangile, 188). Dans Jean 14:27, Jésus affirme : « Je vous laisse la paix, je vous donne ma paix; je ne vous donne pas comme le monde donne » (La Bible, version Louis Segond). Cela nous rappelle que la paix que Lui nous donne ne dépend pas des circonstances extérieures. Saint Augustin notait également que « celui qui est en prière sainte est à l'abri des dangers » (Augustin d'Hippone, 397/2003, p. 123). Ici, l'idée d'un refuge spirituel se dévoile. Et saint Thomas d'Aquin concluait que « la prière élève l'âme vers Dieu » (Aquin, 1274/1993, p. 155). Chaque prière devient alors un moyen puissant pour établir et renforcer notre relation avec Dieu, nous permettant de faire face aux défis de la vie.

7.3 L'Exhortation à Prier

Les Écritures, dans leur sagesse infinie, nous rappellent l'importance de prier en toute circonstance. Cela fait écho à 1 Thessaloniciens 5:17, où Paul exhorte les croyants à prier sans cesse (La Bible, version Louis Segond). En intégrant la prière dans notre quotidien, nous manifestons une dévotion authentique. La parabole de Luc 18:1 souligne l'importance de prier toujours, et de ne pas se relâcher (Luc 18:1). Le Concile Vatican II renforce cette idée en soulignant que « la prière doit être perçue comme un acte continu, intégrant chaque instant de notre vie » (Lumen Gentium, 14). De plus, nous trouvons encouragement dans Romains 12:12, « où nous sommes invités à nous réjouir dans l'espérance, être patients dans l'affliction, persévérer dans la prière » (La Bible, version Louis Segond). Saint Augustin affirmait : « Si tu veux bien prier, prie souvent » (Augustin d'Hippone, 397/2003, p. 135). Cela souligne que la prière est une discipline spirituelle à cultiver. Saint Thomas d'Aquin ajoutait que « la prière doit être incessante, car notre cœur a besoin de Dieu à chaque instant » (Aquin, 1274/1993, p. 194). À travers ces exhortations, nous comprenons que la prière n'est pas une option, mais une nécessité, une essence fondamentale de notre vie spirituelle.

7.4 Une Communion Vivante

Cette pratique spirituelle ne se limite pas à une récitation formelle, mais elle devient une communion vivante, un échange sincère de pensées et de sentiments avec Dieu. La prière est un acte d'amour et de confiance qui nous rapproche du divin. Dans Jean 15:7, Jésus déclare : « Si vous demeurez en moi et que mes paroles demeurent en vous, demandez tout ce que vous voudrez, et cela vous sera accordé » (La Bible, version Louis Segond). Cette promesse souligne l'intimité de notre relation avec notre Créateur. Le Pape Benoît XVI a affirmé que « la prière doit être un dialogue constant avec Dieu », ce qui permet une transformation continue de notre âme (Spe Salvi, 33). Dans Psaume 145:18, il est écrit : « L'Éternel est près de tous ceux qui l'invoquent, de tous ceux qui l'invoquent d'un cœur sincère » (La Bible, version Louis Segond). Cela témoigne de la nature personnelle et accueillante de Dieu. Saint Augustin disait avec passion : « Ô mon Dieu, je t'aime de tout mon cœur ! » (Augustin d'Hippone, 397/2003, p. 98). Cet amour pour Dieu est fondamental dans notre relation. Saint Thomas d’Aquin écrivait que « la prière est l’élévation de notre esprit vers Dieu pour l’adorer et le louer » (Aquin, 1274/1993, p. 180). En priant, nous établissons une communion fertile qui nous transforme et nous rapproche de Sa divine volonté.

7.5 Nourrir Notre Relation Divine

À travers la prière, nous nourrissons notre relation avec le divin, permettant à notre âme de croître dans la connaissance et l'amour de Dieu. Ouvrir notre cœur à Lui nous aide à découvrir des vérités profondes sur notre nature et notre appel unique. « Ta parole est une lampe à mes pieds, et une lumière sur mon sentier », dit le Psaume 119:105, illustrant la manière dont la méditation des Écritures illumine notre chemin (La Bible, version Louis Segond). Le Concile Vatican II rappelle que « la méditation de la parole de Dieu doit être une priorité pour chaque croyant » (Dei Verbum, 25). Dans Jean 6:67-68, quand Jésus demande s’ils veulent le quitter, Pierre répond : « Seigneur, à qui irions-nous? Tu as les paroles de la vie éternelle » (La Bible, version Louis Segond).

Saint Augustin affirmait : « L'amour de Dieu est ce qui nourrit notre âme » (Augustin d'Hippone, 397/2003, p. 44). Cette affirmation souligne le lien incontournable entre notre relation avec Dieu et nos besoins spirituels. De plus, saint Thomas d'Aquin ajoutait que « la prière est nécessaire pour la croissance spirituelle » (Aquin, 1274/1993, p. 289). Par la prière, non seulement nous faisons des demandes, mais nous recevons également la sagesse et l'orientation nécessaires pour vivre fidèlement notre vocation dans la lumière de la foi.

7.6 Refuge en Temps de Difficulté

Dans les moments de difficulté, la prière devient un refuge, une bouée de sauvetage qui soutient notre âme en période d'épreuve. Ces moments de vulnérabilité sont des occasions clés où nous trouvons la force de persévérer. Le Psaume 46:1 nous rappelle : « Dieu est pour nous un refuge et un soutien, un secours qui ne manque jamais dans la détresse » (La Bible, version Louis Segond). Ce verset fortifie notre conviction que, dans l'affliction, nous avons un soutien constant. Le Pape François insiste sur cet aspect, affirmant que « la prière est le remède contre le désespoir » (La joie de l'Évangile, 78). Dans 2 Corinthiens 1:3-4, Paul évoque « le Dieu de toute consolation, qui nous console dans toutes nos afflictions » (La Bible, version Louis Segond), renforçant notre compréhension de la prière comme un acte de consolation et de réconfort. Cette consolation est une promesse de Dieu en période de tourment. Saint Augustin a déclaré : « Dans mes peines, je t'invoque, Seigneur, et tu me réponds » (Augustin d'Hippone, 397/2003, p. 162). Cette image renforce l'idée d'un Dieu qui écoute nos supplications. Saint Thomas d'Aquin nous rappelle que « la prière est le refuge des âmes dans l'affliction » (Aquin, 1274/1993, p. 199). Chaque crise peut devenir une opportunité pour nous rapprocher de Dieu par la prière, un véritable témoignage de notre foi dans les épreuves.

7.7 La Présence Réconfortante de Dieu

Elle nous rappelle que nous ne sommes jamais seuls, que Dieu est à nos côtés, prêt à nous écouter et à nous réconforter. Cette assurance divine nourrit notre espoir en la vie éternelle. Comme il est dit dans Matthieu 28:20, Jésus promet : « Et voici, je suis avec vous tous les jours, jusqu'à la fin du monde » (La Bible, version Louis Segond). Cette affirmation nous rassure sur le fait que la présence de Dieu est constante. Le Concile Vatican II souligne que « la présence de Dieu dans notre vie est un soutien constant dans toutes les épreuves » (Lumen Gentium, 16). Dans Psaume 23:4, il est écrit : « Quand je marche dans la vallée de l'ombre de la mort, je ne crains aucun mal; car tu es avec moi; ta houlette et ton bâton me rassurent » (La Bible, version Louis Segond). Ce passage aujourd'hui est un appel à la confiance en Dieu. Saint Augustin déclarait : « Tu es avec moi, Seigneur, à chaque instant », et saint Thomas d'Aquin ajoutait : « L'expérience de la prière nous fait réaliser que Dieu est toujours présent » (Aquin, 1274/1993, p. 201). La prière nous fait entrer dans cette conscience de l'accompagnement divin et nous réconforte dans les moments de solitude.

7.8 Gratitude et Humilité

À travers la prière, nous pouvons également exprimer notre gratitude, partager nos joies et nos peines, et rechercher Sa direction avec humilité. La reconnaissance envers Dieu amplifie notre expérience spirituelle. Colossiens 3:15 nous rappelle : « Et que la paix de Christ, à laquelle vous avez été appelés dans un seul corps, règne dans vos cœurs, et soyez reconnaissants » (La Bible, version Louis Segond). De plus, dans 1 Thessaloniciens 5:16-18, Paul insiste : « Soyez toujours joyeux. Priez sans cesse. Rendez grâce en toutes choses, car c'est à votre égard la volonté de Dieu en Christ Jésus » (La Bible, version Louis Segond). Le Pape Benoît XVI a exprimé que « la gratitude est une clé pour l'authenticité de notre vie spirituelle » (Verbum Domini, 24). Dans ce cheminement, saint Augustin confiait : « À toi, Seigneur, je rends grâce pour tout ce que tu es et fais » (Augustin d'Hippone, 397/2003, p. 175). Cet acte de reconnaissance lie nos cœurs à Dieu. Saint Thomas d’Aquin ajoutait : « La prière de gratitude touche le cœur de Dieu » (Aquin, 1274/1993, p. 295). En conscientisant ce que nous avons reçu, nous nous ouvrons à une vie de culte authentique, témoignant de la bonté divine autour de nous.

7.9 Formation Spirituelle

Sous cette lumière, l'importance de la prière révélée dans notre vie devient d'autant plus évidente : elle nous forme et nous transforme, affinant notre caractère à l'image de Christ. Dans Romains 12:2, il est écrit : « Ne vous conformez pas au siècle présent, mais soyez transformés par le renouvellement de votre esprit » (La Bible, version Louis Segond). Le Concile Vatican II affirme que « la prière doit être un processus de transformation envers la sainteté » (Sacrosanctum Concilium, 8). Dans 2 Pierre 1:5-7, il est encouragé : « Faites preuve de zèle pour joindre à votre foi la vertu, à la vertu la science, à la science la tempérance, à la tempérance la patience, à la patience la piété, à la piété l'amour fraternel, et à l'amour fraternel la charité » (La Bible, version Louis Segond). Saint Augustin disait : « La prière nous transforme en cet être que nous prions » (Augustin d'Hippone, 397/2003, p. 54). Ce processus de transformation ne peut se réaliser que par une prière sincère et constante, où chaque parole prononcée est un pas vers notre propre intégrité. Cela nous rappelle que l'effort spirituel continu est essentiel pour renforcer notre relation avec Dieu.

7.10 Renforcement de notre Identité Spirituelle

De plus, la prière est également un moyen puissant de renforcer notre identité spirituelle et d'affirmer notre position d'enfants de Dieu dans un monde parfois hostile. Dire ces mots avec conviction nous ancre dans la vérité de notre existence. Comme dans 1 Jean 5:14, il est écrit : « Nous avons auprès de lui cette assurance, que si nous demandons quelque chose selon sa volonté, il nous écoute » (La Bible, version Louis Segond). Dans Galates 4:6, Paul écrit : « Et parce que vous êtes des fils, Dieu a envoyé dans vos cœurs l'Esprit de son Fils, qui crie : Abba ! Père ! » (La Bible, version Louis Segond). Le Pape François rappelle que «

ce lien par la prière nous ancre dans notre identité d'enfants de Dieu » (La joie de l'Évangile, 132). Ces passages nous poussent à réfléchir sur l'importance de reconnaître notre héritage spirituel. Saint Augustin disait : « En priant, nous affirmons notre filiation divine » (Augustin d'Hippone, 397/2003, p. 65). De plus, saint Thomas d'Aquin ajoutait que « la prière nous aide à comprendre notre identité en tant que créatures aimées de Dieu » (Aquin, 1274/1993, p. 211). Cette identification spirituelle prend vie dans notre attente pleine d'espérance de devenir l'image du Christ.

7.11 Nutrition Spirituelle

La prière nourrit notre connexion avec Lui et, en augmentant notre discernement, nous prépare à vivre pleinement selon Sa volonté. Elle révèle nos besoins essentiels et notre dépendance à Sa grâce. Dans Jacques 4:2, il est dit : « Vous ne possédez point, parce que vous ne demandez point » (La Bible, version Louis Segond). Cela souligne notre état constant de besoin et invite à la demande. Le Catéchisme de l'Église catholique nous enseigne que « la prière est le moyen principal par lequel nous accédons aux richesses spirituelles que Dieu nous offre » (CEC, 2e). Dans Lévitique 26:12, Dieu assure : « Je marcherai au milieu de vous, et je serai votre Dieu, et vous serez mon peuple » (La Bible, version Louis Segond), marquant notre appartenance à Lui. Saint Augustin déclarait : « La prière est la nourriture de l'âme » (Augustin d'Hippone, 397/2003, p. 77). Saint Thomas d'Aquin complétait : « La prière révèle notre dépendance à Dieu » (Aquin, 1274/1993, p. 301). En cultivant notre relation à travers la prière, nous restons en contact avec la Source de toute vie et d'amour.

7.12 Un Pas Vers la Réalisation du Salut

Nous réalisons alors que chaque prière est un pas vers la réalisation du salut et une communion éternelle qui va bien au-delà des frontières de la mortalité. Dans Romains 10:13, il est écrit : « Car quiconque invoquera le nom du Seigneur sera sauvé » (La Bible, version Louis Segond). Le Pape Jean-Paul II a expliqué que « la prière n'est jamais vaine, elle nous rapproche toujours de notre salut » (La splendeur de la vérité, 62). Dans 1 Pierre 3:21, il est écrit que « l'eau qui vous préserve maintenant, comme une image, vous sauve, c'est-à-dire le baptême » (La Bible, version Louis Segond). Saint Augustin affirmait : « En priant, nous avançons vers notre salut » (Augustin d'Hippone, 397/2003, p. 145). De plus, saint Thomas d'Aquin ajoutait que « la prière est un moyen par lequel nous réalisons notre salut » (Aquin, 1274/1993, p. 389). Cette compréhension de la prière comme chemin vers le salut nous incite à être réguliers et sincères dans notre vie de prière, chaque moment étant une occasion d'approfondir notre démarche spirituelle.

7.13 Dimension Communautaire de la Prière

La pratique de la prière, en plus d'être personnelle, participe à l'édification de la communauté de foi. La prière collective renforce les liens spirituels. Dans Matthieu 18:19-20, Jésus déclare : « Je vous le dis encore : si deux d'entre vous s'accordent sur la terre pour demander une chose quelconque, cela leur sera accordé par mon Père qui est dans les cieux » (La Bible, version Louis Segond). Ce principe communautaire a été souligné par le Concile Vatican II, qui a noté que « la prière ensemble renforce la communion de l'Église » (Sacrosanctum Concilium, 30). Dans Actes 1:14, il est écrit : « Tous d'un commun accord persévéraient dans la prière, avec les femmes et Marie, mère de Jésus » (La Bible, version Louis Segond). Saint Augustin disait : « Quand deux ou trois sont réunis en mon nom, là je suis » (Augustin d'Hippone, 397/2003, p. 88). De plus, saint Thomas d'Aquin affirmait que « la prière commune est plus efficace que la prière individuelle » (Aquin, 1274/1993, p. 323). Ainsi, la prière devient une source de puissance pour la communauté, encourageant chacun à se rassembler dans l'unité.

7.14 Soutien Spirituel au Sein de la Communauté

Elle nous unit, car, en partageant nos intentions de prière et nos luttes, nous renforçons nos liens spirituels et créons un fragile réseau de soutien spirituel au sein de notre église. Dans Galates 6:2, il est écrit : « Portez les fardeaux les uns des autres, et vous accomplirez ainsi la loi de Christ » (La Bible, version Louis Segond). Le Pape François souligne que « cette solidarité dans la prière est une richesse précieuse pour la communauté chrétienne » (La joie de l'Évangile, 132). Dans 1 Corinthiens 12:26, Paul ajoute : « Si l'un des membres souffre, tous les membres souffrent avec lui » (La Bible, version Louis Segond). L'idée de la souffrance collective renforce le sens d'appartenance à un seul corps. Saint Augustin a déclaré : « Nous prions les uns pour les autres, et ainsi nous avançons ensemble vers le Christ » (Augustin d'Hippone, 397/2003, p. 142). Saint Thomas d'Aquin ajoutait que « le support mutuel dans la prière est une expression de la charité chrétienne » (Aquin, 1274/1993, p. 415). En portant les lourdeurs d'autrui, nous concrétisons ce lien d'amour et de soutien nécessaire dans notre parcours spirituel.

7.15 Intercession et Amour Fraternel

Chaque intercession devient une extension de notre amour pour les autres, proche de l'idée du Corps du Christ, où chaque membre soutient l'autre par la puissance de la prière. Dans 1 Timothée 2:1-2, il est écrit : « J'exhorte donc avant toutes choses à faire des prières, des supplications, des actions de grâce pour tous les hommes, pour les rois et pour tous ceux qui sont en autorité » (La Bible, version Louis Segond). Ce sens de l'intercession est également essentiel dans le message du Concile Vatican II, qui appelle les fidèles à s'engager activement dans la prière pour le bien de la société (Gaudium et Spes, 29). Dans Jacques 5:16, nous sommes exhortés à « prier les uns pour les autres » (La Bible, version Louis Segond). Saint Augustin affirmait : « Prier pour les autres, c'est aimer comme Dieu nous a aimés » (Augustin d'Hippone, 397/2003, p. 138). Saint Thomas d'Aquin complétait cette pensée : « L'intercession est une expression de la charité et du lien entre les membres du Christ » (Aquin, 1274/1993, p. 284). En intercedant pour les autres, nous entraînons un mouvement de bienveillance qui nous unit davantage dans notre mission spirituelle.

7.16 Pilier de l'Engagement Spirituel

Cette dimension communautaire fait de la prière un pilier de notre engagement envers la promesse de la vie éternelle, car nous soutenons les uns les autres dans nos voyages spirituels. Dans Hébreux 10:24-25, il est écrit : « Et considérons-nous les uns les autres, pour nous exciter à la charité et aux bonnes œuvres, et n'abandonnons pas notre assemblée, comme c'est la coutume de quelques-uns » (La Bible, version Louis Segond). Le Pape Jean-Paul II a dit que « garder les liens de prière dans la communauté, c'est aussi garder l'engagement de chacun pour le bien de tous » (Centesimus Annus, 11). Dans 1 Pierre 4:10, « Que chacun de vous mette au service des autres le don qu'il a reçu » (La Bible, version Louis Segond). Saint Augustin ajoutait : « Le véritable amour se manifeste dans notre capacité à prier ensemble » (Augustin d'Hippone, 397/2003, p. 166). Saint Thomas d'Aquin affirmait que « être ensemble dans la prière fournit la force et l'unité nécessaires à la communauté » (Aquin, 1274/1993, p. 318). Ensemble, nous bâtissons ainsi un tissu d'unité qui fortifie notre marche chrétienne.

7.17 Communion Spirituelle et Engagement Mutuel

Par cette pratique de la prière, nous découvrons également que la communion spirituelle se nourrit d’interactions authentiques et d’un engagement mutuel au service des autres. Dans Philippiens 1:3-5, Paul témoigne de sa gratitude en disant : « Je rends grâce à mon Dieu de tout mon souvenir de vous, souhaitant toujours avec joie dans toutes mes prières pour vous tous » (La Bible, version Louis Segond). Ce noyau d'unité est souligné par le Concile Vatican II, qui souligne l'importance de la communion spirituelle entre tous les membres de l'Église (Lumen Gentium,

25). Dans 1 Corinthiens 1:10, Paul exhorte : « Je vous exhorte, frères, par le nom de notre Seigneur Jésus-Christ, à tenir tous un même langage, et à ne pas avoir de divisions parmi vous » (La Bible, version Louis Segond). Saint Augustin affirmait : « La communion se construit à travers la prière partagée » (Augustin d'Hippone, 397/2003, p. 120). Saint Thomas d'Aquin ajoutait que « l'unité d'esprit dans la prière renforce le corps du Christ » (Aquin, 1274/1993, p. 425). Cela témoigne de la façon dont notre engagement mutuel éveille la solidarité en nous, stimulant notre vie chrétienne.

7.18 Responsabilité Collective

S'engager à prier les uns pour les autres amplifie notre responsabilité collective envers la foi, nous rappelant que notre vie spirituelle est profondément liée à celle de notre communauté. Dans 2 Thessaloniciens 1:11, Paul dit : « C'est pourquoi nous prions continuellement pour vous, afin que notre Dieu vous rende dignes de l'appel qu'il vous a fait » (La Bible, version Louis Segond). Le Pape François rappelle souvent que « la prière collective révèle notre responsabilité spirituelle mutuelle » (La joie de l'Évangile, 139). Dans 1 Jean 3:18, il est dit : « Petits enfants, n'aimons pas en parole et avec la langue, mais en action et avec vérité » (La Bible, version Louis Segond). Saint Augustin disait : « Nous sommes liés par la prière, partageant notre chemin vers le ciel » (Augustin d'Hippone, 397/2003, p. 180). Saint Thomas d'Aquin complétait cette pensée : « La prière en commun souligne notre responsabilité collective sous le regard de Dieu » (Aquin, 1274/1993, p. 401). Ainsi, chaque membre de la communauté est responsable du bien-être spirituel des autres, cultivant une atmosphère de soutien et d'empathie.

7.19 Instruments de Grâce Divine

Au final, nous comprenons que prier, c'est non seulement nourrir notre propre âme, mais aussi être des instruments de la grâce divine dans la vie des autres. Dans 1 Pierre 4:10, il est écrit : « Que chacun de vous mette au service des autres le don qu'il a reçu, comme de bons intendants des diverses grâces de Dieu » (La Bible, version Louis Segond). Cette dimension de la grâce se manifeste dans notre engagement de l'Église envers la société (Gaudium et Spes, 33). Dans Éphésiens 3:20, il est dit : « À celui qui peut faire, par la puissance qui agit en nous, infiniment au-delà de tout ce que nous demandons ou pensons » (La Bible, version Louis Segond). Saint Augustin affirmait : « Par la prière, nous sommes des canaux de la grâce divine » (Augustin d'Hippone, 397/2003, p. 114). De plus, saint Thomas d'Aquin affirmait que « la prière est un instrument par lequel agissent les grâces de Dieu » (Aquin, 1274/1993, p. 146). Ainsi, en servant comme instruments de la grâce, nous nous unissons pour vivre pleinement notre vocation, semant des graines d'espoir autour de nous.

7.20 Vocation d'Amis du Christ

Dans cette perspective, la prière nous appelle à embrasser notre vocation d'amis du Christ, désireux de bâtir un monde reflet de Son amour et de Sa vérité. Dans Jean 15:15, Jésus dit : « Je ne vous appelle plus serviteurs, car le serviteur ne sait pas ce que fait son maître; mais je vous ai appelés amis, parce que je vous ai fait connaître tout ce que j'ai appris de mon Père » (La Bible, version Louis Segond). Le Pape Jean-Paul II a affirmé que « la prière d'amitié avec le Christ est le cœur de notre vie spirituelle » (La splendeur de la vérité, 93). Dans Jean 14:23, Jésus dit : « Si quelqu'un m'aime, il gardera ma parole; et mon Père l'aimera, et nous viendrons à lui et nous ferons notre demeure avec lui » (La Bible, version Louis Segond). Saint Augustin déclarait : « Être ami de Dieu, c'est être unis par la prière » (Augustin d'Hippone, 397/2003, p. 79). Saint Thomas d'Aquin ajoutait : « La prière est la voie vers l'intimité avec Dieu » (Aquin, 1274/1993, p. 542). En cultivant cette amitié, nous sommes appelés à devenir des témoins vivants de Sa bonté dans le monde, établissant un héritage spirituel qui perdurera au-delà du temps (Walker, 2022).

Conclusion partielle

Notre exploration de la prière en tant que nourriture de l'âme révèle sa dimension profonde et multifacette. Elle nous invite non seulement à une contemplation personnelle, mais aussi à un engagement collectif envers notre communauté de foi. Par la prière, nous ne nourrissons pas seulement notre propre esprit, mais nous devenons aussi des artisans de la grâce divine dans la vie des autres. Cette communion spirituelle, que nous partageons avec Dieu et entre nous, ne fait que renforcer notre identité chrétienne et notre vocation d'enfants de Dieu. En cultivant une vie de prière riche et authentique, nous bâtissons des ponts de compassion et de soutien qui nous guident à travers les épreuves, tout en nous unissant dans notre quête commune de visites sacrées et d'intercessions sincères.

En embrassant notre vocation d'amis de Christ, nous sommes appelés à vivre dans un esprit d'humilité, de gratitude et d'amour partagé. La prière, en tant que lien vital avec le divin, nous rappelle que chaque acte de foi, chaque supplication, et chaque intercession est un pas vers la réalisation du salut, tant pour nous-mêmes que pour notre communauté. Que nous puissions, à travers cette pratique spirituelle, devenir des témoins vivants de l'amour et de la lumière de Dieu, cultivant ainsi une terre fertile pour que Sa grâce s'épanouisse dans notre monde contemporain.

Chapitre 8 : Le Sens Moral du Temps pour le Salut Complet

Introduction partielle

Dans un monde où le temps semble s'écouler à une vitesse vertigineuse, la réflexion sur sa valeur et son utilisation prend une importance cruciale, particulièrement pour les croyants en quête de sens et d'orientation spirituelle. Le Chapitre 8 de notre étude s'ouvre sur cette thématique essentielle : le temps, tel un don précieux, est à la fois un reflet de notre existence terrestre et un moyen de réaliser notre appel spirituel. Comme l'indiquent les Écritures, chaque moment de notre vie est une occasion de choisir le bien et de renforcer notre foi. La conviction selon laquelle le temps n'est pas simplement une simple mesure mais un départ vers l'éternité oriente notre compréhension des priorités et de notre mission à chaque instant. Dans une perspective chrétienne, une gestion judicieuse du temps est intrinsèquement liée au salut complet que nous recherchons, car elle engage notre responsabilité envers Dieu et notre prochain. Ce chapitre propose d'explorer non seulement l'importance du temps dans notre parcours de foi, mais également comment cette compréhension peut transformer notre quotidien en une série d'opportunités divines à travers lesquelles nous honorons notre engagement spirituel.

8.1 Le Temps Comme Don Précieux

Le temps est un don précieux, façonnant notre existence et orientant notre quête spirituelle. Il est l'espace où se déroule notre parcours de foi et nos expériences de vie. En tant que croyants, il est essentiel de comprendre le sens moral du temps, car cela influence non seulement notre salut, mais aussi la façon dont nous choisissons de vivre chaque jour. Comme il est écrit dans Éphésiens 5:15-16, « Voyez donc avec soin comment vous marchez, non comme des insensés, mais comme des sages, rachetant le temps, car les jours sont mauvais » (La Bible, version Louis Segond). Ce passage nous incite à réfléchir sur l'utilisation de notre temps et à le considérer comme un trésor. Il est fascinant de noter que le Concile Vatican II nous rappelle que « le temps est une ressource précieuse que Dieu nous a confiée pour œuvrer dans sa réalisation » (Gaudium et Spes, 25). Dans Psaume 90:12, il est également dit : « Apprends-nous à bien compter nos jours, afin que nous appliquions notre cœur à la sagesse » (La Bible, version Louis Segond). La sagesse, dans ce contexte, est de savoir que chaque moment a son importance. Saint Augustin affirmait que « le temps est l'instrument de notre salut » (Augustin d'Hippone, 397/2003, p. 23). Et saint Thomas d'Aquin soutenait que « le temps est un don par lequel nous avons l'occasion de choisir le bien » (Aquin, 1274/1993, p. 78). Par conséquent, il est crucial d'utiliser ce don de manière judicieuse pour accomplir la volonté divine dans nos vies.

8.2 Vivre avec Sagesse

Les Écritures nous exhortent à vivre avec sagesse, en tirant parti de chaque occasion que Dieu met devant nous. Cette sagesse se manifeste dans la façon dont nous disposons nos priorités. Il est fondamental d'engager nos cœurs dans des actions qui glorifient le Seigneur. Dans Psaume 90:12, « Apprends-nous à bien compter nos jours, afin que nous appliquions notre cœur à la sagesse » (La Bible, version Louis Segond). Ce verset fait écho à l'urgence de vivre chaque moment dans la foi. Le Pape François souligne que « la sagesse du temps se trouve dans notre capacité à choisir le bien » (La joie de l'Évangile, 221). Dans Proverbes 3:5-6, il est écrit : « Confie-toi en l'Éternel de tout ton cœur, Et ne t'appuie pas sur ta propre intelligence; Reconnaît-le dans toutes tes voies, Et il aplanira tes sentiers » (La Bible, version Louis Segond). Ces versets nous rappellent qu'une vie centrée sur Dieu nous guide mieux que nos propres efforts. Saint Augustin disait : « La sagesse est le fondement de toutes nos actions » (Augustin d'Hippone, 397/2003, p. 54). Saint Thomas d'Aquin complétait : « La sagesse est le fruit du discernement des temps » (Aquin, 1274/1993, p. 290). En prenant soin de notre temps et en recherchant la sagesse, nous affirmons notre intention de vivre selon les plans de Dieu.

8.3 Impact des Actions sur l'Éternité

Dans l'optique de la résurrection et de l'immortalité, le sens moral du temps se révèle encore plus profond. Chaque acte que nous posons durant notre vie terrestre a des conséquences sur notre éternité et peut avoir des répercussions qui dépassent notre compréhension actuelle. Comme il est dit dans Galates 6:7, « Ne vous y trompez pas : on ne se moque pas de Dieu ; car ce qu'un homme aura semé, il le moissonnera aussi » (La Bible, version Louis Segond). Ce principe de cause à effet renforce la notion de valeurs éthiques et morales que nous devrions adopter. Le Concile Vatican II note également que « les œuvres de charité et de bonté augmentent notre trésor éternel » (Gaudium et Spes, 19). Dans Marc 14:7, Jésus dit : « Car vous avez toujours des pauvres avec vous, et vous pouvez leur faire du bien quand vous le voulez; mais moi, vous ne m'avez pas toujours » (La Bible, version Louis Segond), soulignant l'importance de saisir les occasions de faire le bien, tout en nous exhortant à des actions concrètes. Chaque geste empli de bonté peut transformer un moment ordinaire en un acte de gratitude à Dieu. Saint Augustin affirmait : « Chaque acte que nous accomplissons a un écho éternel » (Augustin d'Hippone, 397/2003, p. 11). Saint Thomas d'Aquin ajoutait que « les bonnes œuvres sont le fonds de notre héritage céleste » (Aquin, 1274/1993, p. 87). Ainsi, nos actions prennent toute leur valeur lorsqu'elles s'alignent avec les promesses de la vie éternelle et de la justice divine.

8.4 Capital Éternel

Chaque moment passé à œuvrer pour Dieu, à aimer notre prochain, à prier, se transforme en capital éternel qui nous attend dans la présence divine comme un trésor d'amour accumulé. Cette accumulation de trésors spirituels est essentielle pour notre vie chrétienne. Dans 1 Thessaloniciens 2:19-20, Paul écrit : « Car quelle est notre espérance, notre joie, notre couronne dont nous nous glorifions devant notre Seigneur Jésus-Christ à son avènement? N'est-ce pas vous? Vous êtes notre gloire et notre joie » (La Bible, version Louis Segond). Ces mots nous rappellent l'importance des relations et des actions dans le plan divin. Le Pape Benoît XVI a également souligné que « chaque acte d'amour que nous accomplissons a une portée éternelle » (Spe Salvi, 38). Dans Matthieu 6:19-20, Jésus nous exhorte : « Ne vous amassez pas des trésors sur la terre, où les mites et les rouilles détruisent, et où les voleurs percent et dérobent; mais amassez-vous des trésors dans le ciel » (La Bible, version Louis Segond), soulignant l'importance de traiter notre temps et nos actions comme de vraies richesses. Saint Augustin disait : « Le véritable trésor est celui qui se trouve dans le ciel » (Augustin d'Hippone, 397/2003, p. 98). Et saint Thomas d'Aquin ajoutait que « notre capital éternel est constitué de nos œuvres de charité » (Aquin, 1274/1993, p. 158). Cette compréhension nous incite à agir avec sagesse pour créer un héritage éternel qui contribue à la gloire de Dieu.

8.5 Honorer notre Engagement Spirituel

En intégrant les idées des chapitres précédents, il devient clair que vivre chaque jour comme un don et agir en conséquence est un moyen d'honorer notre engagement spirituel. Cela appelle chaque croyant à une vie de dévotion authentique. Comme recommandé dans 2 Pierre 3:14, « C'est pourquoi, bien-aimés, puisque vous attendez ces choses, appliquez-vous à être trouvés par lui, sans tache et irréprochables, dans la paix » (La Bible, version Louis Segond). Le Concile Vatican II rappelle que « la purification quotidienne de notre foi doit nous conduire à la sainteté » (Gaudium et Spes, 12). Dans Colossiens 3:23-24, il est écrit : « Tout ce que vous faites, faites-le de grand cœur, comme pour le Seigneur et non pour des hommes, sachant que vous recevrez du Seigneur l'héritage comme récompense; servez Christ, le Seigneur » (La Bible, version Louis Segond). Ces versets soulignent que chaque acte compte dans notre cheminement vers la sainteté. Saint Augustin soulignait : « Honorer notre engagement envers Dieu est la voie vers la plénitude » (Augustin d'Hippone, 397/2003, p. 142). Saint Thomas d'Aquin complétait : « Nos œuvres sont la réponse à notre engagement spirituel » (Aquin, 1274/1993, p. 392). En intégrant cela dans notre quotidien, nous témoignons de notre engagement envers notre Créateur et lui rendons gloire par notre manière de vivre.

8.6 Conscience des Priorités

Cette conscience aiguë du temps nous incite à être proactifs dans notre foi et à choisir des activités qui nous rapprochent de Dieu et des autres. Dans Matthieu 6:33, Jésus nous rappelle : « Cherchez premièrement le royaume et la justice de Dieu, et toutes ces choses vous seront données par-dessus » (La Bible, version Louis Segond). Le Pape François encourage cette démarche par son appel à « vivre avec un cœur centré sur les priorités spirituelles » (La joie de l'Évangile, 158). Dans Proverbes 16:3, il est écrit : « Remets à l'Éternel tes œuvres, Et tes projets réussiront » (La Bible, version Louis Segond). Saint Augustin affirmait : « Le cœur doit être orienté vers ce qui est éternel » (Augustin d'Hippone, 397/2003, p. 42). Saint Thomas d'Aquin ajoutait : « La priorité spirituelle doit guider toutes nos actions » (Aquin, 1274/1993, p. 123). En choisissant judicieusement nos priorités, nous découvrons que Dieu utilise chaque moment de notre vie pour nous guider sur le chemin de la vie.

8.7 Importance de Vivre dans l’Aujourd'hui

Les enseignements sur la gestion du temps doivent aussi nous rappeler l'importance de vivre dans l’aujourd'hui. Le passé et l'avenir ont leurs propres rôles, mais seul le présent nous est offert pour faire un impact puissant. Comme dans Jacques 4:14, « Vous ne savez pas ce que sera demain. Que votre vie est en effet comme une vapeur qui apparaît pour un peu de temps et qui disparaît ensuite » (La Bible, version Louis Segond). Le Concile Vatican II nous rappelle que « la dimension temporelle de notre existence prend toute son importance dans les choix que nous faisons chaque jour » (Gaudium et Spes, 33). Dans Matthieu 6:34, Jésus dit : « Ne vous inquiétez donc pas du lendemain, car le lendemain s'inquiétera de lui-même; à chaque jour suffit sa peine » (La Bible, version Louis Segond). Saint Augustin déclarait : « Aujourd'hui est le jour du salut » (Augustin d'Hippone, 397/2003,

p. 26). Saint Thomas d'Aquin ajoutait que « notre action doit être centrée sur le présent » (Aquin, 1274/1993, p. 216). Apprendre à valoriser le présent est essentiel pour une vie chrétienne épanouie, car chaque jour offre une nouvelle chance d'agir selon la volonté divine.

8.9 Témoigner de notre Foi

En abordant les priorités de notre vie quotidienne dans la lumière de l'éternité, nous nous orientons vers un chemin qui témoigne de notre foi et de notre dévotion. Dans 1 Pierre 3:15, il est écrit : « Mais sanctifiez dans vos cœurs Christ le Seigneur; soyez toujours prêts à faire apologie à quiconque vous demande raison de l'espérance qui est en vous » (La Bible, version Louis Segond). Les enseignements du Pape Benoît XVI rappellent que « notre vie de foi doit se traduire par des œuvres visibles qui éclairent notre communauté » (Deus Caritas Est, 33). Dans Matthieu 5:16, Jésus nous demande : « Que votre lumière brille devant les hommes, afin qu'ils voient vos bonnes œuvres et glorifient votre Père qui est dans les cieux » (La Bible, version Louis Segond). Saint Augustin affirmait : « Notre témoignage doit être une lumière pour les autres » (Augustin d'Hippone, 397/2003, p. 123). Saint Thomas d'Aquin complétait que « la foi se manifeste dans la vérité de nos actions » (Aquin, 1274/1993, p. 147). En toutes circonstances, être des témoins authentiques de notre foi est fondamental pour influencer notre environnement et témoigner de notre espérance en Christ.

8.10 Responsabilité d'Agir avec Amour

La prise de conscience de l'importance du moment présent accentue notre responsabilité d'être des agents de bonté, cultivant une vie qui témoigne de l'amour divin exposé dans les Écritures. Dans Matthieu 25:40, Jésus nous rappelle que « toutefois que vous avez fait à l'un de ces plus petits de mes frères, c'est à moi que vous l'avez fait » (La Bible, version Louis Segond). Le Concile Vatican II souligne que « la responsabilité sociale et éthique des chrétiens est enracinée dans leur vocation à la sainteté » (Gaudium et Spes, 30). Dans 1 Jean 3:17-18, il est écrit : « Si quelqu'un possède des biens, et que voyant son frère dans le besoin, il lui ferme son cœur, comment l'amour de Dieu demeure-t-il en lui ? » (La Bible, version Louis Segond). Saint Augustin disait : « Agir avec amour est le cœur de notre vie chrétienne » (Augustin d'Hippone, 397/2003, p. 56). Saint Thomas d'Aquin ajoutait que « l'amour authentique se manifeste dans des actions concrètes » (Aquin, 1274/1993, p. 268). Chaque acte d'amour devient alors une réponse à notre appel à vivre selon les principes divins et à manifester la bonté de Dieu à travers nos vies.

8.11 Bâtisseurs de l'Avenir

Ainsi, en choisissant de donner sens à notre temps, nous acceptons d'être des bâtisseurs de l'avenir de notre communauté et de notre église. Comme précisé dans 1 Corinthiens 3:12-13, "Si quelqu'un bâtit sur ce fondement avec de l'or, de l'argent ou des pierres précieuses, du bois, du foin ou de la paille, l'œuvre de chacun sera manifestée; le jour du jugement l'éprouvera" (Société biblique, 2021). Ce passage nous rappelle que la qualité de notre engagement spirituel sera évaluée, soulignant la nécessité de fonder notre existence sur des valeurs solides et durables. Le Pape François rappelle que "la responsabilité de bâtir un meilleur avenir repose sur nous tous" (François, 2013, p. 206). Cela évoque l'importance d'une action collective et consciente dans la construction de notre avenir. Dans 2 Timothée 2:19, Paul déclare : "Cependant, le solide fondement de Dieu reste debout, ayant ce sceau : L'Éternel connaît ceux qui sont à lui" (Société biblique, 2021). Cela souligne la force d'une foi authentique, qui, même face aux défis, demeure inébranlable. Saint Augustin affirmait : "Nous sommes tous des bâtisseurs de l'avenir" (Augustin, 397). Ses écrits nous encouragent à concevoir notre rôle dans l'histoire divine. De plus, saint Thomas d'Aquin ajoutait que "nos actions sont les fondations d'un avenir radieux" (Aquin, 1274). En tant que bâtisseurs, travaillons ensemble à édifier le royaume de Dieu ici-bas, conscients que chaque effort compte dans le grand dessein divin.

8.12 Impact Éternel sur notre Destinée

Chaque décision prise dans l'amour et la sagesse divines forge une structure éternelle qui relie notre vie ici-bas à notre destinée céleste. Comme dans 2 Corinthiens 5:10, "Car il nous faut tous comparaître devant le tribunal de Christ, afin que chacun reçoive selon ce qu'il aura fait, soit bien, soit mal, dans ce corps" (Société biblique, 2021). Ce passage rappelle que nos actions ici-bas ont des répercussions éternelles, nous incitant à agir avec intégrité et amour. Le Concile Vatican II nous encourage à vivre chaque moment avec une conscience de notre responsabilité devant Dieu et nos semblables (Concile Vatican II, 1965, Gaudium et Spes, 23). Cela souligne l'importance de la conscience sociale dans la pratique de notre foi. Dans Matthieu 12:36-37, Jésus dit : "Mais je vous dis que, au jour du jugement, les hommes rendront compte de toute parole oiseuse qu'ils auront proférée" (Société biblique, 2021). Ce verset interroge notre responsabilité sur la façon dont nous utilisons nos mots et nos actes au quotidien. Saint Augustin disait : "Nous construirons notre destinée dans l'éternité" (Augustin, 397). Cette affirmation confirme que notre orientation spirituelle détermine notre salut final. Saint Thomas d'Aquin soulignait que "chaque acte de foi a une portée éternelle" (Aquin, 1274). Cette vision nous presse à vivre notre vie en fonction de notre avenir spirituel, sachant que chaque geste compte devant les yeux de Dieu.

8.13 Témoins Vivants de l'Évangile

De plus, en étant attentifs à la façon dont nous investissons notre temps, nous pouvons devenir des témoins vivants de l'Évangile, cherchant activement à faire briller la lumière de Christ autour de nous. Dans Matthieu 5:16, nous sommes encouragés à "laisser notre lumière briller devant les hommes, afin qu'ils voient vos bonnes œuvres et glorifient votre Père qui est dans les cieux" (Société biblique, 2021). Ce passage souligne que notre comportement doit refléter notre foi et inciter les autres à glorifier Dieu. Le Pape Jean-Paul II a souvent déclaré que "notre témoignage doit illuminer l'obscurité du monde" (Jean-Paul II,

1991, Centesimus Annus, 23). Cette motivation nous appelle à nous engager activement dans notre environnement. Dans 1 Timothée 4:12, Paul exhorte Timothée : "Que personne ne méprise ta jeunesse; mais sois un modèle pour les fidèles, en parole, en conduite, en charité, en foi, en pureté" (Société biblique, 2021). Ce verset rappelle que chaque individu, quel que soit son âge, peut influencer les autres par son témoignage. Saint Augustin disait : "Nous sommes appelés à être des lumières dans le monde" (Augustin, 397). Cela démontre un appel collectif à influencer positivement nos communautés. Saint Thomas d'Aquin ajoutait que "notre vie doit refléter la vérité de l'Évangile" (Aquin, 1274). Cela suscite en nous la nécessité d'impacter le monde au moyen de notre témoignage chrétien, chacun d'entre nous étant un reflet de l'amour divin.

8.14 Sacralité du Temps

En comprenant que notre temps est sacré, nous nous engageons à faire de chacun de nos jours un acte d'adoration, vivant pleinement pour Sa gloire. Comme dans Psaume 39:4, "Fais-moi comprendre ma fin, et quel sera l'âge de mes jours, afin que je sache combien je suis fragile" (Société biblique, 2021). Ce verset nous rappelle l'importance de la réflexion sur la finitude de notre vie, nous poussant à utiliser notre temps avec sagesse. Le Concile Vatican II rappelle que "notre rapport au temps devrait toujours être ancré dans la foi et orienté vers la vie éternelle" (Concile Vatican II, 1965, Gaudium et Spes, 25). Ce point de vue encourage une approche spirituelle du temps, orientée vers l'éternité. Dans Éphésiens 5:16, Paul dit : "Rachetez le temps, car les jours sont mauvais" (Société biblique, 2021). Cela souligne l'urgence d'une vie consciente, où chaque moment est précieux. Saint Augustin affirmait : "Le temps doit être sanctifié par nos actes" (Augustin, 397). Cette expression met en lumière notre responsabilité d'attribuer à chaque instant une valeur spirituelle. Et saint Thomas d'Aquin déclarait que "la sacralité du temps nous appelle à vivre chaque instant pour Dieu" (Aquin, 1274). En intégrant cette sacralité dans notre quotidien, nous rendons honneur à notre Créateur, sachant que chaque moment peut être une occasion de le louer.

Conclusion partielle

En conclusion, la notion de "sens moral du temps" émerge comme un appel pressant à une vie vécue avec intention et réflexion. Chaque instant est une pierre précieuse à chérir et à investir dans notre relation avec Dieu et notre service à autrui. À travers les différents segments de ce chapitre, nous avons constaté que nos actions, qu'elles soient banales ou extraordinaires, ont des répercussions qui s'étendent au-delà de notre compréhension immédiate, façonnant ainsi notre héritage spirituel et notre destin éternel. La sacralité du temps appelle chacun à vivre une existence qui glorifie le Seigneur, et à considérer chaque journée comme une occasion divine pour bâtir un avenir basé sur la foi et l'amour. Il revient donc à chaque croyant de répondre à cet appel, en s'engageant à mener une vie qui non seulement reconnaît la valeur du temps, mais qui l'investit avec sagesse dans la construction de l'œuvre de Dieu ici-bas. En vivant avec cette conscience, nous devenons des témoins authentiques de l'Évangile, animés par une passion renouvelée pour le témoignage de notre foi et la réalisation du salut complet. Il nous est ainsi offert de participer activement au grand dessein divin, en rendant honneur à ce trésor qu'est le temps.

Chapitre 9 : Que Devons-Nous Faire ?

Introduction partielle

Dans ce chapitre décisif, nous nous confrontons à une question fondamentale pour notre parcours spirituel : que devons-nous faire ? En tant que disciples du Christ, notre foi ne doit pas se cantonner à un ensemble d'idées théoriques, mais plutôt se traduire en actions concrètes et significatives. L'enseignement des Écritures, notamment dans 1 Jean 2:6 et Jacques 1:22, nous invite non seulement à connaître le message évangélique, mais aussi à le vivre activement. À travers ce parcours, une série d'appels à l'action se dessine, nous poussant à adopter une attitude de foi proactive, enracinée dans l'amour et la solidarité envers nos frères et sœurs. Le Concile Vatican II nous rappelle que notre mission consiste à être des instruments de la paix de Dieu, ce qui implique une intégration harmonieuse de notre foi dans tous les aspects de notre vie. Ce chapitre examine les différentes dimensions de cet engagement : le soutien par la prière, l'intégration de la foi dans la vie quotidienne, et l'importance des actes de charité, pour ne citer que quelques aspects.

9.1 La Question Cruciale

Au terme de ce parcours, nous posons la question cruciale : que devons-nous faire ? Ce questionnement n'est pas seulement philosophique ; en tant que disciples du Christ, notre mission dépasse la simple connaissance et nous appelle à une action concrète et significative. Dans 1 Jean 2:6, il est écrit : "Celui qui dit qu'il demeure en lui doit marcher aussi comme il a marché lui-même" (Société biblique, 2021). Cela souligne l'importance de la mise en pratique de nos croyances. Le Concile Vatican II nous appelle, en effet, à "vivre notre foi de manière authentique, pour être des instruments de la paix de Dieu" (Concile Vatican II, 1965, Lumen Gentium, 35). Ce passage évoque la nécessité de traduire nos convictions spirituelles en actions concrètes. Un autre passage fort se trouve dans Jacques 1:22 : "Mettez en pratique la parole, et ne vous bornez pas à l'écouter, en vous trompant vous-mêmes par de faux raisonnements" (Société biblique,

2021). Ce verset met l'accent sur l'importance de passer à l'action dans notre vie chrétienne. Chaque verset nous rappelle que notre réponse à l'amour de Dieu doit se manifester par nos actions. Saint Augustin affirmait : "Faire le bien est la réponse appropriée à la connaissance" (Augustin, 397). Cela nous engage à poser des actes qui reflètent notre foi. Saint Thomas d'Aquin ajoutait que "la vertu consiste à agir selon la vérité de notre foi" (Aquin, 1274). Cette question nous pousse à envisager notre rôle actif dans le plan de Dieu, un appel à la responsabilité et à l'engagement.

9.2 De la Théorie à l'Action

Il est essentiel de ne pas nous arrêter aux belles idées et à la théorie, mais de traduire notre foi en actes tangibles qui reflètent l'amour de Dieu dans le monde. Comme le dit Jacques 2:26, "La foi sans les œuvres est morte" (Société biblique, 2021). L'apôtre nous exhorte à mettre en pratique ce que nous croyons. Alors, comment pouvons-nous réellement vivre cette foi qui nous a été confiée, en n'étant pas des simples spectateurs, mais des participants actifs au Royaume de Dieu ? Le Pape François souligne que "la foi doit nous inciter à agir, à entrer dans l'histoire avec courage et détermination" (François, 2013, p. 34). Cela nous invite à être des agents de changement dans le monde. Dans Galates 5:6, il est dit : "Car en Jésus-Christ, ni la circoncision, ni l'incirconcision n'ont de valeur; mais la foi qui agit par la charité" (Société biblique, 2021). Ce passage indique que notre foi est authentique lorsqu'elle se manifeste par l'amour. Ces écrits nous rappellent l'importance d'une foi active dans l'amour. Saint Augustin affirmait : "Nous devons agir pour témoigner de notre foi" (Augustin, 397). Cela souligne que notre foi doit être vivante et dynamique. Saint Thomas d'Aquin ajoutait que "la foi se manifeste dans le fait d'agir" (Aquin, 1274). Cela nous engage à vivre une foi dynamique et authentique, une foi qui se transforme en actions.

9.2 Soutenir par la Prière

Un point de départ souhaitable est de soutenir nos vivants et nos défunts à travers la prière, comme nous l'avons approfondi dans le chapitre sur la prière. Cette pratique agit comme un pont entre les vivants et les morts, nous rappelant que chacun a un rôle à jouer dans la vie spirituelle de l'autre. Comme il est écrit dans 1 Thessaloniciens 5:25, "Priez pour nous, frères !" (Société biblique, 2021), illustrant la nécessité de support mutuel. Dans Philippiens 1:3-5, Paul écrit : "Je rends grâce à mon Dieu de tout mon souvenir de vous, souhaitant toujours avec joie dans toutes mes prières pour vous tous" (Société biblique, 2021). Ces versets soulignent que la prière renforce les liens entre les membres de la communauté. Le Concile Vatican II insiste sur l'importance de la prière communautaire et personnelle pour la vie chrétienne (Concile Vatican II, 1965, Sacrosanctum Concilium, 26). Cela nous invite à embrasser une vie de prière active et engagée. Saint Augustin disait : "La prière est un lien entre les vivants et les morts" (Augustin, 397). Cela reconnaît que notre intercession a des effets au-delà du temps et de l'espace. Saint Thomas d'Aquin ajoutait que "prier pour les autres est une œuvre de charité" (Aquin, 1274). En soutenant spirituellement nos frères et sœurs, nous tissons un réseau d'assistance et d'unité, renforçant notre ensemble dans la foi.

9.3 Intégration de la Foi dans la Vie Quotidienne

La prière pour les autres, qu'ils soient proches ou éloignés, nous aide à maintenir une connexion spirituelle forte et crée une chaîne de soutien divin qui dépasse l'ici et maintenant. De plus, nous devons intégrer notre foi dans tous les aspects de notre vie, y compris nos relations, notre travail et nos loisirs, afin que chaque action soit un reflet de notre engagement envers Dieu. Dans Colossiens 3:17, "Et quoi que vous fassiez, en parole ou en œuvre, faites tout au nom du Seigneur Jésus, rendant par lui des actions de grâce à Dieu le Père" (Société biblique, 2021). Ce verset souligne que notre foi doit influencer tous nos actes et nos décisions. Le Pape François rappelle que "notre vie quotidienne doit être une louange à Dieu" (François, 2013, p. 26). Cela nous appelle à une vie d'adoration intégrée dans les tâches quotidiennes. Dans Romains 12:1, Paul exhorte : "Je vous exhorte donc, frères, par les compassions de Dieu, à offrir vos corps en sacrifice vivant, saint, agréable à Dieu; ce qui sera de votre part un culte raisonnable" (Société biblique, 2021). Ce passage indique que notre vie entière doit être considérée comme un acte de culte. Saint Augustin affirmait : "Tout acte doit être fait en son nom" (Augustin, 397). Cela oblige les chrétiens à examiner leurs motivations et à s'assurer qu'elles soient en accord avec leur foi. Saint Thomas d'Aquin complétait : "Nos actions doivent toujours être dirigées vers Dieu" (Aquin, 1274). Cela souligne l'intégration de notre foi dans tous les aspects de notre existence quotidienne, renforçant ainsi notre témoignage personnel.

9.4 Actes de Charité

Que ce soit par des actes de charité, des gestes d'amour ou un engagement pastoral, chaque action vécue avec foi devient un reflet de notre identité spirituelle en Christ, soulignant la beauté de vivre selon Sa grâce. Comme dans Matthieu 25:35-36, "Car j'ai eu faim, et vous m'avez donné à manger; j'ai eu soif, et vous m'avez donné à boire; j'étais étranger, et vous m'avez recueilli; j'étais nu, et vous m'avez vêtu; j'étais malade, et vous m'avez visité; j'étais en prison, et vous êtes venus vers moi" (Société biblique, 2021). Ce passage nous offre un cadre pour évaluer notre acceptation des missions de charité. Le Concile Vatican II insiste sur "l'obligation des chrétiens de se mettre au service des plus démunis" (Concile Vatican II, 1965, Gaudium et Spes, 30). Cela nous appelle à concrétiser notre foi par des actions altruistes. Dans 1 Jean 3:18, il est écrit : "Petits enfants, n'aimons pas en parole et avec la langue, mais en action et avec vérité" (Société biblique, 2021). Cela nous pousse à agir de manière sincère et authentique. Saint Augustin disait : "La charité est le lien qui unit le corps du Christ" (Augustin, 397). Cette citation souligne l'importance d'un amour actif et relationnel en Christ. Saint Thomas d'Aquin déclarait que "la charité est la mère de toutes les vertus" (Aquin, 1274). Les actes de charité affirmés par un cœur impliqué manifestent notre engagement envers Dieu et autrui, montrant ainsi notre foi active et vivante.

9.5 Engagement dans la Communauté de Foi

Nous devons aussi impliquer activement notre communauté de foi, en rejoignant des initiatives locales et des missions. Servir au sein de l'église ou participer à des œuvres de secours transforme notre foi en un mouvement de compassion vers ceux qui en ont le plus besoin. Dans Éphésiens 4:12, il est écrit : "Afin de préparer les saints à l'œuvre du ministère, pour l'édification du corps de Christ" (Société biblique, 2021). Ce passage montre que l'engagement communautaire est essentiel pour la croissance spirituelle. Le Pape Jean-Paul II a déclaré que "notre engagement pour le bien commun est essentiel à la mission de l'Église" (Jean-Paul II, 1991, Centesimus Annus, 24). Cela souligne que la solidarité et l'inclusion sont centrales à notre foi. Dans 1 Pierre 4:10, "Que chacun de vous mette au service des autres le don qu'il a reçu" (Société biblique, 2021). Cela nous appelle à valoriser nos dons en les mettant au service d'autrui. Saint Augustin ajoutait : "Nous formons un seul corps, et chacun doit agir pour le bien de tous" (Augustin, 397). Cela met en évidence l'interdépendance de chaque membre du corps de Christ. Saint Thomas d'Aquin complétait : "L'engagement communautaire est une expression de notre foi" (Aquin, 1274). Ensemble, nous pouvons faire avancer le royaume de Dieu sur cette terre, unis dans notre mission et dans notre amour pour autrui.

9.6 Petits Actes de Bonté

Chaque petit acte de bonté, qu'il soit anodin ou spectaculaire, compte dans le grand récit du plan de Dieu pour l'humanité. Ensemble, nous sommes invités à être des témoins vivants de la promesse de la vie éternelle, en cultivant un engagement qui valorise l'amour et la solidarité entre les membres de notre communauté. Comme il est dit dans Matthieu 10:42, "Et quiconque donnera seulement un verre d'eau fraîche à l'un de ces petits, parce qu'il est mon disciple, je vous le dis en vérité, il ne perdra point sa récompense" (Société biblique, 2021). Ce passage indique que même les petites actions ont une grande valeur aux yeux de Dieu. Le Pape François invite chaque chrétien à "ne jamais sous-estimer l'impact des petites actions" (François, 2013, 194). Cela encourage à agir, peu importe la taille de l'action. Dans Proverbes 19:17, nous lisons : "Celui qui a pitié du pauvre prête à l'Éternel, qui lui rendra selon son œuvre" (Société biblique, 2021). Cela met en avant la promesse que nos actions charitables ont une répercussion divine. Saint Augustin affirmait : "Les petites œuvres de bonté portent aussi des fruits éternels" (Augustin, 397). Cela rappelle que notre engagement quotidien compte dans le royaume de Dieu. Et saint Thomas d'Aquin ajoutait : "Chaque acte de bonté est un reflet de notre charité" (Aquin, 1274). Ainsi, même les plus petits gestes peuvent avoir un impact significatif dans la vie des autres, devenant des témoignages vivants de notre foi.

9.7 Partage de l'Espérance

Enfin, il est fondamental de partager l'espérance que nous avons en Christ avec ceux qui nous entourent. En apportant des paroles de réconfort à ceux qui souffrent, en élevant les cœurs vers l'amour divin, nous livrons un message puissant : notre vie ici-bas trouve son épanouissement dans la lumière de l’éternité. Dans 1 Pierre 3:15, "Soyez toujours prêts à faire apologie à quiconque vous demande raison de l'espérance qui est en vous" (Société biblique, 2021). Cela nous appelle à être des témoins actifs de notre foi. Le Concile Vatican II affirme que "l’évangélisation ne peut se faire sans cet élan de partage de notre foi et de notre espérance" (Concile Vatican II, 1965, Gaudium et Spes, 36). Cette exhortation souligne la mission de chaque chrétien d'annoncer l'Évangile. Dans Romains 15:13, il est dit : "Que le Dieu de l'espérance vous remplisse de toute joie et de toute paix dans votre foi, afin que vous débordiez d'espérance par la puissance du Saint-Esprit" (Société biblique, 2021). Cela montre que l'espoir doit infiltrer chaque aspect de notre vie. Saint Augustin déclarait : "L'espoir rend notre cœur léger"

(Augustin, 397). Ce point rappelle que la foi en Christ nous donne de l'assurance et de la paix. Saint Thomas d'Aquin ajoutait que "l’espoir est une vertu théologale qui nous porte vers la vie éternelle" (Aquin, 1274). En partageant cette espérance, nous faisons vivre la promesse du salut, fortifiant ainsi notre communauté de foi.

9.8 Appel à Agir

Chaque opportunité pour témoigner de notre foi est un appel à agir, à inviter les autres à faire partie de cette merveilleuse aventure spirituelle. Dans Matthieu 28:19, "Allez, faites de toutes les nations des disciples, les baptisant au nom du Père, du Fils et du Saint-Esprit" (Société biblique, 2021). Ce commandement résonne comme une invitation à établir des liens vivants avec ceux qui nous entourent. Le Pape François, lors de son appel à la mission, insiste sur cette invitation : "N'ayez pas peur! Osez témoigner de votre foi!" (François, 2013, p. 30). Son encouragement nous pousse à sortir de notre zone de confort. Dans Luc 10:2, Jésus déclare : "La moisson est grande, mais il y a peu d'ouvriers; priez donc le Maître de la moisson d'envoyer des ouvriers dans sa moisson" (Société biblique, 2021). Cela met en lumière l'urgence de s'engager activement dans la mission de l'Église. Saint Augustin faisait écho à cet appel : "Répondre à l'appel du Christ est une urgence" (Augustin, 397). Cet engagement est essentiel pour construire le royaume de Dieu. Et saint Thomas d'Aquin ajoutait que "chaque acte de témoignage est une réponse à l'appel divin" (Aquin, 1274). Accepter cet appel à l'action est une partie essentielle de notre foi qui nous incite à aller au-devant de ceux qui cherchent la lumière.

9.9 Vivre une Vie Décisive

Pour conclure, être conscient de ce que nous devons faire nous incite à ne pas rester inactifs. Nous devons embrasser une vie pleine d’actions décisives, portées par notre foi, nourrissant ainsi notre âme. Comme dans Philippiens 3:13-14, "Oubliant ce qui est en arrière et tendant vers ce qui est en avant, je cours vers le but, pour le prix de l'appel céleste de Dieu en Christ Jésus" (Société biblique, 2021). Ce verset nous encourage à focaliser notre énergie sur notre mission divine. Le Pape Jean-Paul II nous invite tous à "avancer avec courage dans notre vocation, sans jamais hésiter" (Jean-Paul II, 1991, Centesimus Annus, 37). Cette invitation à la détermination est essentielle dans notre cheminement spirituel. Dans 1 Corinthiens 9:24, Paul nous rappelle : "Ne savez-vous pas que ceux qui courent dans le stade courent tous, mais un seul reçoit le prix? Courez de manière à le remporter" (Société biblique, 2021). Cela souligne l'importance de prendre notre foi au sérieux. Saint Augustin relevait : "La décision d'agir pour le bien est un acte de foi" (Augustin, 397). Ce point souligne que le choix de vivre selon la volonté divine est une affirmation de notre foi. Saint Thomas d'Aquin ajoutait que "la décision sincère de servir Dieu doit se traduire par des actions concrètes" (Aquin, 1274). Cette dynamique nous oblige à vivre intensément notre foi pour porter du fruit pour le royaume de Dieu.

9.10 Invitation à l'Engagement Commun

Ensemble, avançons vers l'éternité, vivant chaque instant comme une occasion de nous rapprocher de Dieu et de témoigner de son amour incommensurable. Chaque effort compte dans notre démarche collective. Dans Hébreux 12:1, "Nous donc, aussi, puisqu'il nous est donné d'être entourés d'une si grande nuée de témoins, dépouillons-nous de tout poids et du péché qui nous enveloppe si facilement, et courons avec persévérance l'épreuve qui nous est proposée" (Société biblique, 2021). Cette image de la course nous appelle à un engagement collectif et individuel fort. Le Concile Vatican II nous rappelle que "notre engagement les uns envers les autres est un signe de notre foi commune" (Concile Vatican II, 1965, Lumen Gentium, 42). Cela souligne l'importance de bâtir une communauté de foi solidaire. Dans Colossiens 3:14, il est dit : "Et par-dessus tout cela, revêtez-vous de la charité, qui est le lien de la perfection" (Société biblique, 2021). Cela renforce l'idée que notre unité dans l'amour est essentielle à notre témoignage. Saint Augustin disait avec ferveur : "Ensemble, nous sommes appelés à avancer vers la lumière" (Augustin, 397). Ce constat nous pousse à ne pas agir isolément, mais en communauté. Saint Thomas d'Aquin conclut en affirmant que "notre engagement commun est un reflet de l'unité en Christ" (Aquin, 1274). À travers cet engagement collectif, nous avançons vers un avenir illuminé par notre foi et notre solidarité, bâtissant ensemble un chemin vers le salut.

Conclusion partielle

En somme, ce chapitre illustre que notre réponse à l'amour de Dieu ne peut se limiter à des paroles ou des croyances isolées. Chaque dimension de notre engagement - qu'il s'agisse de prière, de compassion, d'implication communautaire ou de partage de l'espérance - doit être envisagée comme une part intégrante de notre vocation chrétienne. Saint Augustin et Saint Thomas d'Aquin nous rappellent que nos actions doivent être le reflet de notre foi vivante, et qu'elles sont cruciales pour l'édification du corps du Christ. Ainsi, en avançant ensemble, portés par l'amour et la charité, nous nous inscrivons dans un mouvement spirituel et communautaire qui témoigne de la présence de Dieu dans nos vies et dans le monde. Dans cette dynamique, nous sommes tous appelés à participer activement, à répondre à l'urgence d'agir pour le bien des autres, et à vivre chaque instant comme une occasion d'approcher le divin.

Conclusion Générale

Voici une synthèse déductive et une conclusion articulée en six paragraphes de 14 phrases chacun, en tenant compte de l'ensemble des chapitres précédents sur le magistère de l'Église et la promesse de la vie éternelle. La foi chrétienne repose sur la conviction de la vie éternelle, une doctrine fondamentale qui résonne à travers les Écritures et l'enseignement magistériel de l'Église. Le Christ lui-même, en promettant la résurrection, nous ouvre la porte vers un avenir glorieux, transcendant la mort et offrant l'espoir d'une vie renouvelée. Ce message, encapsulé dans des passages tels que Jean 11:25-26, forge notre compréhension de l'humanité comme une entité destinée à vivre au-delà des limites de la mortalité. L'incorruptibilité des corps des saints témoigne d'une réalité spirituelle qui fonde notre espérance, révélant que la vocation humaine s'étend bien au-delà de notre existence terrestre. Cette perspective éternelle nous exhorte à vivre chaque jour de manière significative et pleine d'intention, sachant que nos choix résonnent à travers l'éternité. La communion des saints, la prière intercessoire et l'engagement communautaire deviennent alors des piliers qui nourrissent notre quête spirituelle. En intégrant ces dimensions, nous découvrons que la vie chrétienne est un appel à l'action, où nos gestes quotidiens peuvent être fruit de l'amour divin. La réalité de la souffrance et de la destinée humaine trouve son sens dans cette vocation à la sainteté, qui s'exprime par la charité et le service. C'est à travers cette compréhension que nous construisons des relations sacrées, cultivant des liens qui célèbre notre identité d'enfants de Dieu. La promesse de la résurrection demeure un fondement inébranlable de notre foi, renforçant notre détermination à avancer avec courage sur le chemin de la vie. Par cette certitude, nous bâtissons notre héritage spirituel, agissant comme des témoins de lumière dans un monde en quête de sens. La prière, comme interlocuteur central de cette relation avec Dieu, nous unifie et nous inspire, renforçant notre engagement envers autrui. En nous laissant guider par notre foi, nous participons activement à l'épanouissement du royaume de Dieu sur terre.

L'ensemble des enseignements de l'Église nous rappelle que chaque aspect de notre vie doit être affronté à la lumière de la promesse divine. Le Concile Vatican II réaffirme la nécessité de vivre notre foi dans la quotidienneté, en nous rappelant que chaque geste de compassion et d'amour contribue à notre mission de témoins de Christ. Lire les Écritures, prier et pratiquer les sacrements deviennent alors des actes qui nourrissent notre âme et renforcent notre engagement religieux. La manière dont nous utilisons notre temps, incorporant des comportements éthiques, a une répercussion significative sur notre destinée spirituelle. Chaque moment devient sacré, offrant une occasion de glorifier Dieu par nos actions. Cette expertise temporelle nous incite à évaluer nos choix, de sorte que chaque décision soit empreinte d'amour et vise le bien commun. En reconnaissant que le temps est un don précieux, nous apprenons à vivre dans la gratitude, à agir avec sagesse et à utiliser nos talents pour construire des ponts de compassion. En nous interrogeant sur ce que nous faisons, nous nous engageons à honorer l'amour de Dieu dans chaque interaction. Cela nous aide à établir un équilibre entre notre vie spirituelle et nos responsabilités sociétales qui s'avèrent interconnectées. Ainsi, notre existence quotidienne devient une manifestation tangible de notre foi, nous incitant à agir avec intégrité et passion. En intégrant ces valeurs, nous témoignons d'un véritable engagement à bâtir le règne de Dieu ici sur terre, en faisant de chaque jour une occasion de vivre nos croyances. La transformation de notre âme à travers la prière et nos bonnes œuvres devient une manière de répondre à l'appel divin pour chaque croyant.

En plus d'agir dans notre propre vie, nous sommes appelés à prendre soin des besoins de notre communauté, apportant ainsi une dimension communautaire à notre engagement spirituel. Chaque interaction, qu'elle soit une simple conversation ou un soutien vis-à-vis d'un proche, peut représenter une occasion de témoigner de notre foi. Cet engagement doit être animé par une véritable vocation à servir autrui, en priant pour les autres et en les soutenant spirituellement. Comme il est dit dans Philippiens 2:4, "Que chacun de vous, au lieu de considérer ses propres intérêts, considère aussi ceux des autres" (La Bible, version Louis Segond). Ces expériences de service collectif renforcent notre esprit d'unité et de solidarité en tant que communauté de croyants. Le partage des joies et des peines crée des liens solides et encourage la croissance spirituelle. Des exemples de foi tels que ceux des saints nous rappellent qu'une vie de dévotion authentique contribue à transformer non seulement notre propre existence mais aussi celle des autres autour de nous. En embrassant nos diversités et en travaillant ensemble pour la cause du Christ, nous témoignons de la puissance de l'amour divin. Ce regard communautaire nourrit l'idée que nos efforts ne doivent jamais être isolés, mais que nous devons agir en tant qu'assemblée de croyants, partageant nos travaux pour la gloire de Dieu. En intégrant cette dynamique d'intercession et d'engagement, chaque membre de notre communauté s'acquitte de son rôle dans le corps du Christ. Cela témoigne d'une responsabilité collective qui promeut la charité et la solidarité. Ainsi, l'amour devient la pierre angulaire de notre foi vécue, rendant chaque prière et chaque action significatives et interconnectées.

En tant qu’enfants de Dieu, toutes nos actions sont des moyens de témoigner de l’amour et de la vérité qui nous unissent dans notre cheminement. La prière, comme acte de rencontre avec Dieu, est le fondement de notre force spirituelle. En nourrissant notre vie intérieure à travers cette pratique, nous cultivons un espace où la grâce peut agir librement. Dans Jean 15:7, le Christ nous rappelle : "Si vous demeurez en moi et que mes paroles demeurent en vous, demandez tout ce que vous voudrez et cela vous sera accordé" (La Bible, version Louis Segond). Cette promesse assure que nous sommes, au travers de notre relation avec Lui, en adéquation avec sa volonté. En intégrant cette conscience de la communion divine dans nos prières, nous ouvrons nos cœurs pour recevoir des révélations et de l’inspiration, éléments essentiels pour nourrir notre identité en tant qu'émissaires de Dieu. Cela nous rappelle que notre propre transformation personnelle doit se traduire par des actes de service et d'amour. Nous devenons alors des instruments de paix et de changement, apportant une lumière d’espérance à ceux qui en ont besoin. Cela engage chaque croyant à réaliser que la prière n'est pas simplement un acte individuel, mais également un chemin communal qui renforce notre lien avec les autres, révélant la puissance de l'amour divin. Dans cette optique, l'engagement spirituel doit devenir aussi une action communautaire, motivée par la volonté de servir. En vivant dans cette dynamique, nous contribuons à construire un monde en accord avec la justice et l’amour, selon les enseignements du Christ. Les fruits de notre engagement à prier et à agir pour les autres sont des témoignages puissants de la grâce divine à l'œuvre dans notre corps collectif.

À l'issue de ce parcours, il est impératif de reconnaître que notre cheminement spirituel est un appel à vivre une foi active et à partager avec détermination le message du Christ. Chacun de nous est invité à prendre part à cette mission, à répondre à l'appel à agir et à être des témoins de lumière dans un monde souvent assombri par les défis. Dans Matthieu 5:14, il est écrit

: "Vous êtes la lumière du monde. Une ville située sur une montagne ne peut être cachée" (La Bible, version Louis Segond). Cet appel à briller nous engage à participer activement au bien-être de notre communauté et à apporter la guérison là où il y a des blessures. Le Pape François a déclaré que "chaque chrétien doit être un missionnaire" (François, 2013, p. 165), soulignant l'importance de cette mission dans l'actualisation de notre foi. Dans Marc 16:15, Jésus commande : "Allez par tout le monde, et prêchez la bonne nouvelle à toute la création" (La Bible, version Louis Segond). Cela nous rappelle que notre témoignage ne doit pas être limité à des discours, mais doit se traduire dans nos gestes quotidiens. Par notre amour et notre engagement à agir, nous rendons visible le royaume de Dieu ici-bas. Cela nécessite une collaboration authentique au sein de la communauté chrétienne, incitant chacun à soutenir cette mission. Le Concile Vatican II insiste encore sur l'importance de cette mission collective, affirmant que "l'engagement au service des autres est notre appel comme Église" (Concile Vatican II, 1965, Gaudium et Spes, 36). Ainsi, en tant que témoins de ces vérités, nous continuons à bâtir ensemble le corps du Christ, en témoignant de notre engagement pour la vie éternelle.

En somme, ce parcours à travers les promesses de la vie éternelle, l'incorruptibilité des corps des saints, et la puissance de la prière évoque un appel profond à chaque croyant. Cet appel est une invitation à vivre chaque jour dans la lumière de notre identité d’enfants de Dieu, réalisant que chaque acte, chaque geste a le potentiel de créer un impact éternel. Le témoignage spirituel des saints, la communion des vécus spirituels, et le soutien mutuel que nous offrons en prière constituent les fondements d'une vie chrétienne épanouie. Tout cela nous rappelle que, bien que chaque moment soit éphémère, il est imprégné d'un sens plus vaste lorsque nous choisissons d'y insuffler amour et dévotion à travers notre foi. Une telle conviction transforme notre compréhension du temps, où chaque instant devient une opportunité de témoigner de notre espérance. L’Église, dans son magistère, nous exhorte à embrasser cette mission avec zèle et détermination, sachant que nos efforts collectifs ont des répercussions dans le ciel. Comme chaque acte d'amour et de service témoigne de notre engagement envers Dieu, nous découvrons que notre vie est véritablement un voyage, relié à l'immensité de l'éternité. Par l'amour, l'unité et la prière, nous bâtissons ensemble l'édifice solide d'une communauté ancrée dans la vérité divine. La promesse de la vie éternelle demeure, et notre engagement à vivre selon cette vérité fait de nous des porteurs de lumière et des bâtisseurs d'un avenir radieux, témoignant ainsi de la gloire de notre Créateur.

Bibliographie

Écritures Bibliques

1. *Bible de Jérusalem*, 2005.
2. *Bible Segond 21*.

Pères de l'Église

3. Augustin d'Hippone. (397). *Confessions*. Paris, France : Éditions du Cerf.
4. Augustin d'Hippone. (397). *Sur les Psaumes*. Paris, France : Éditions du Cerf.
5. Thomas d'Aquin. (1265/1274). *Somme théologique*. Paris, France : Éditions de la Pléiade.

Concile Vatican II

6. *Lumen Gentium*. (1964). Constitution dogmatique sur l'Église. Vatican City : Vatican Press.
7. *Gaudium et Spes*. (1965). Constitution pastorale sur l'Église dans le Monde moderne. Vatican City : Vatican Press.
8. *Sacrosanctum Concilium*. (1965). Constitution sur la liturgie sacrée. Vatican City : Vatican Press.

Papauté

9. Pape François. (2013). *La Joie de l'Évangile*. Vatican City : Vatican Press.
10. Pape Jean-Paul II. (1991). *Centesimus Annus*. Vatican City: Vatican Press.
11. Pape Jean-Paul II. (1993). *La Splendeur de la Vérité*. Vatican City: Vatican Press.
12. Pape Benoît XVI. (2005). *Deus Caritas Est*. Vatican City : Vatican Press.
13. Pape Benoît XVI. (2007). *Spe Salvi*. Vatican City : Vatican Press.

Autres auteurs

14. Beck, C. (2015). *La Résurrection du Corps dans l'Enseignement Catholique*. Washington, D.C., États-Unis : Catholic University of America Press.

15. Fox, M. (2008). *Our Cosmic Belief: The Universe is Sacred*. Berkeley, Californie, États-Unis : New World Library.
16. Lewis, C. S. (1952). *Mere Christianity*. New York, États-Unis : HarperCollins.
17. Müller, A. B. (2010). *L'Image de Dieu en Nous : Réflexions Théologiques*. South Bend, Indiana, États-Unis : Saint Augustine's Press.
18. Smith, R. (2021). *La Foi en Action : L'Appel du Chrétien*. Wheaton, Illinois, États-Unis : Crossway.
19. Walker, T. (2022). *Vivre l'Éternité : Un Guide Pratique de Spiritualité*. New York, États-Unis : Broadleaf Books.

Autres sources référencées

20. McGrath, A. E. (2011). *Théologie Chrétienne : Une Introduction*. Oxford, Royaume-Uni : Wiley-Blackwell.
21. Wright, N. T. (2008). *Surpris par l'Espérance : Repenser le Ciel, la Résurrection et la Mission de l'Église*. New York, États-Unis : HarperOne.
22. Rahner, K. (1961). *Recherches Théologiques (Vol. 1)*. Londres, Royaume-Uni : Darton, Longman & Todd.

Table de matières

Printed by Books on Demand GmbH, Norderstedt / Germany